KAMPENWAND
VERLAG

ISBN: 978-3947738601

© 2021 Kampenwand Verlag
Raiffeisenstr. 4 · D-83377 Vachendorf
www.kampenwand-verlag.de

Versand & Vertrieb durch Nova MD GmbH
www.novamd.de · bestellung@novamd.de · +49 (0) 861 166 17 27

Text: Rafael Bettschart
Bilder: Yoko Design / Shutterstock,
Bardocz Peter / Shutterstock, RomanYa / Shutterstock
Druck: FINIDR, s.r.o.
Lípová 1965 . 737 01 Český Těšín . Česká republikalen

Rafael Bettschart

Wiener Blut

Eine Ode an die Unfreundlichkeit
Die Donaumetropole in Anekdoten

Dieses Buch ist Hannah gewidmet[1]
– damit sie nach 9 Jahren in der Frankophonie
endlich wieder eine vernünftige Sprache spricht.

---

[1] Und letztlich dem wahren Grund, warum Wien die lebenswerteste Stadt der Welt ist.

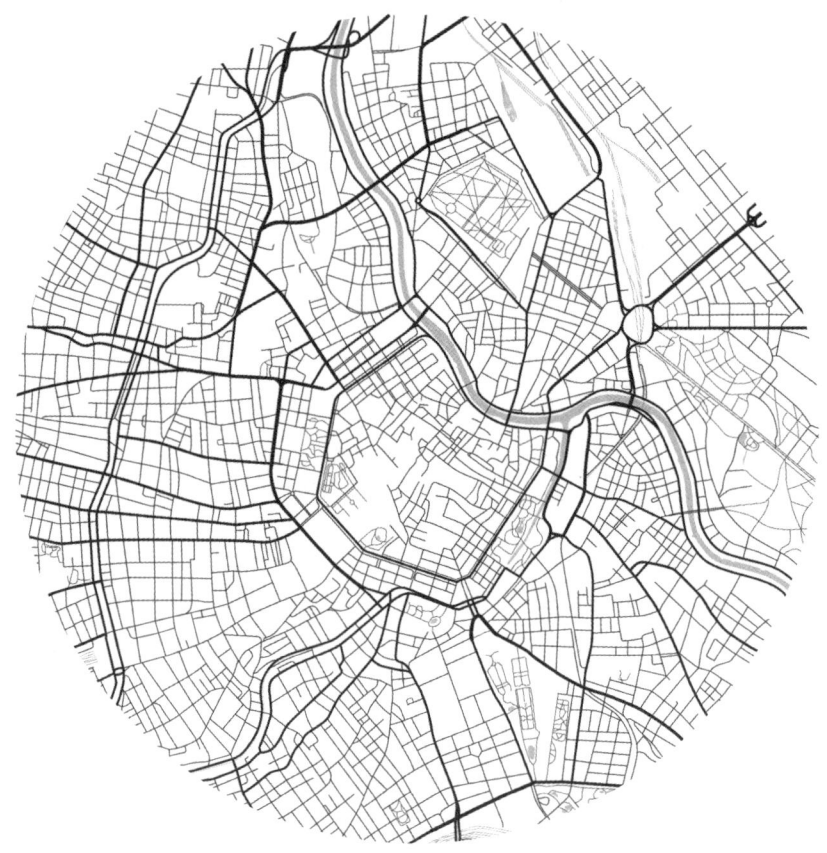

WIEN

Inhalt

"Sollten auch Sie der Meinung sein,
dass Wien Ihnen zu unfreundlich sei,
dann gehen's bitte scheißen!"

Unbekannt

Vorwort

"Glücklich ist, wer vergisst,
was nicht mehr zu ändern ist."

Johann Strauss II

Als Johann Strauss' titelgebende Operette *Wiener Blut* im Jahr 1899 seine Erstaufführung feierte, war die Kaiserstadt Wien am Höhepunkt ihres Glanzes angelangt. In der Donaumetropole wurde imposante Garderobe getragen, prachtvolle Feste gefeiert und die lockere Lebensart der Einwohner war legendär. Wien stand für Eleganz, Feierlichkeit und Lebensfreunde. Das alles und mehr verdankten die Bürger insbesondere dem *Wiener Blut*, welches durch ihre Adern floss. So zumindest die damalige Behauptung.

Heute hingegen scheint Wien für seine hohe Lebensqualität, aber in erster Linie für seine sagenumwobene Unfreundlichkeit bekannt zu sein – es wirkt, als sei von der damaligen Noblesse kaum etwas übriggeblieben.

Man munkelt, das Wiener Blut habe sich verändert: Aus Charme wurde Grant und aus Feinheit die Unfreundlichkeit. Doch was ist in den 200 Jahren geschehen? Wie konnte sich Wien derart verändern? Sind die Wiener wirklich so unfreundlich und stimmen alle diese

Behauptungen überhaupt? Fragen über Fragen, die es zu klären gilt ... und am besten lassen sie sich mit wahren Geschichten aus der sagenumwobenen Stadt selbst beantworten.

Dies sind die Geschichten des neuen Wiener Bluts in Form eines literarischen Denkmals an das Wien des 21. Jahrhundert – wahrhaftig eine Ode an die Unfreundlichkeit.

Zwei Wiener stehen am Donau-Ufer und
sehen einem Touristen beim Ertrinken zu.
"Help me, I can't swim!" ruft dieser verzweifelt.
Als die beiden Wiener nicht reagieren, ruft er erneut:
"Hilfe!" - Abermals keine Reaktion.
Also versucht er es auf Italienisch: "Aiuto!"
und gleich noch auf Französisch: "Au secours!"
Doch die beiden Wiener rühren keinen Finger.
Also versucht er es auf Spanisch: "¡Socorro!"
Und sogar Russisch: "Pomogite, poshaluysto!"
... doch es nützt nichts!
Die Wiener verziehen keine Miene und starren
den von Unheil Bedrohten einfach weiter an.
Als der Tourist von den Fluten verschluckt war,
sagt der eine Wiener zum anderen:
"Heast, dea hod sechs Sprochn kenna."
Worauf der andere meinte:
"Und? Hots eam wos gnutzt?"

Einleitung

Alle Jahre wieder ...

In der Tat – alle Jahre wieder. Wobei es in dieser Einleitung, sowie im gesamten Werk, keine einzige Seite lang um das Christkind gehen wird. Doch genauso wie das Christkind kommen auch zahllose Umfragen und Rankings alle Jahre wieder.

Es ist ein Phänomen: Wien wird regelmäßig und wiederkehrend an die Spitze diverser grotesker Städterankings gewählt. Wobei wir unser Augenmerk nicht auf die gelobte Lebensqualität legen werden, sondern auf die legendäre wienerische Unfreundlichkeit. Die letzten Jahre gab es ständig ein mediales Trara, wenn die österreichische Bundeshauptstadt zur zweit- oder drittunfreundlichsten Stadt der Welt gekürt wurde[2] – gekürt, da vermutlich kaum ein Wiener nicht ein wenig stolz auf diese Ergebnisse war. Wobei bei vielen Lesern die berechtigte Frage aufkam, welche Zustände in den darüber platzierten Positionen wohl herrschen müssen: *"Haut man sich dort gegenseitig auf die Schnauze, anstatt im Billa "zweite Kassa" zu rufen?"* – wurde im Internet nachgefragt. Doch eine Antwort blieb man leider schuldig.

---

[2] InterNations - Expat City Ranking 2019

Allerdings wurde bei all dem Wirbel übersehen, dass die Donaumetropole bereits im Jahr 2017 Vize- und sogar Weltmeister wurde[3] – ganz abhängig davon, in welche Studien man eben blickte. Doch dieses Mal war alles anders, denn einige Medien begannen sich beinahe obsessiv mit dem Thema auseinanderzusetzen. Täglich gab es dutzende Artikel zu lesen, Rezipienten wurden nach deren Meinung gefragt, man war zur Abstimmung aufgerufen und letztendlich wurden abermals pseudowissenschaftliche "Umfrageergebnisse" zum Thema Freundlichkeit veröffentlicht. Selbstverständlich musste jeder dazu eine Meinung haben, ohne je die Qualität oder den Wert dieser "Rankings" infrage zu stellen.

Bitte verstehen Sie mich nicht falsch, denn weder ist es meine Intension mit diesem Buch irgendwelche Thesen zu negieren, noch die Unfreundlichkeit der Wiener in Schutz zu nehmen. Allerdings empfinde ich diese Blindplatzierung im besten Fall als oberflächlich.

Vorweg muss gesagt werden, dass es Hunderte dieser *Bestenlisten* gibt und in jeder Einzelnen davon nehmen andere Städte die Top-Platzierung ein. Darüber hinaus sollte erwähnt werden, dass es sich bei besagtem Ranking, wobei Wien einen Spitzenplatz besetzt, um eine Umfrage unter *Expats* handelt. Als *Expatriate* versteht man Fachkräfte, die in internationalen Organisationen beschäftigt sind, durch Auslandsentsendung vorübergehend in einer drittstaatlichen Zweigstelle arbeiten und sich im oberen Einkommenssegment befinden. Wichtig hierbei ist das *Vorübergehende*, denn um eine Stadt und Kultur kennenzulernen, braucht es nun mal auch ein wenig Zeit.

Dann gibt es natürlich auch kulturelle Unterschiede. Während eines USA-Aufenthaltes wird sich der eine oder andere denken, dass die Einwohner der Supermacht für unsere Verhältnisse übertrieben freundlich sind und *falsche*, genauer gesagt *gespielte* Emotionen preisgeben. Bereits zur Schulzeit wird den Amerikanern eingetrichtert, optimistisch zu sein, mit positiver Einstellung an Dinge heranzugehen und seinem Ge-

---

[3] InterNations - Expat City Ranking 2017

genüber dauerhaft verblödet ins Gesicht zu grinsen. Daraus lässt sich ableiten, dass es bei einer Europareise zu gewissen Missverständnissen zwischen Touristen und lokaler Bevölkerung kommen kann. *"Andere Länder, andere Sitten"* – pflegt der Volksmund zu sagen.

Hinzu kommt, dass viele Expats, bevor sie in die "begehrten" Städte Europas entsendet werden, vorab ihrer Tätigkeit in amerikanischen oder frisch erbauten asiatischen Städten nachkommen. Als "Expat-freundlich" werden meistens die Städte gesehen, in denen die überwiegende Anzahl der Bevölkerung Englisch spricht und den amerikanischen Gepflogenheiten der Kommunikation sehr ähnlich sind. Diese Expat-Blasen sind in der Mehrheit keineswegs von Multikulturalität geprägt. Viele Expats kommen kaum mit der "echten" Kultur eines Landes in Kontakt und leben dabei in einer globalisierten und vom ökonomischen Totalitarismus geprägten Monokultur. Darüber hinaus ist anzumerken (ohne Unterstellung machen zu wollen), dass es in vielen asiatischen und afrikanischen Staaten eine unvergleichbar hörige Kultur gibt, wobei das Volk oft noch von despotischen Langzeitherrschern unterdrückt und aufgefordert wird, zu zahlenden Touristen und Expats besonders höflich zu sein[4]. Freundlichkeit kann dabei leicht mit erzwungenem Gehorsam verwechselt werden. Dieser Kontrast, gepaart mit menschlicher Naivität und ergänzt durch Unwissenheit, sorgt schnell dafür, dass man die Einen als freundlich und die Anderen als vergleichsweise unfreundlich wahrnimmt.

Ich verbrachte einen Großteil meines Lebens in der Donaumetropole und konnte besten Wissens und Gewissens nicht verstehen, woher die Behauptung kam, dass meine Heimat sonderlich unfreundlich sei. Ich habe in vielen Ländern und Städten, verteilt über den ganzen Kontinent, gelebt und war überall mit der lokalen Kultur in Kontakt gekommen. Egal ob im Norden, Süden, Westen oder Osten. Bei meinen zahlreichen Stadtbesuchen und beruflichen Aufenthalten fiel mir insbesondere eines auf, was den Wienern nicht neu sein wird: Wien ist

---

[4] Freedomhouse - Freedom in the World 2018

eben ein bisschen anders. Die Einwohner sind nicht unfreundlicher als diejenigen anderer Großstädte, aber sie sind definitiv schlagfertiger. Zumindest so eine gängige These. Dies zeigt sich vor allem in den spontanen Kommentaren eines vermeintlich unfreundlichen Einheimischen: humorvoll, präzise und anmaßend – der *Wiener Schmäh*. Der sooft besungene *Schmäh* ist allerdings nicht für jeden. Allen voran ist er nichts für die heutige Gesellschaft der *Generation Schneeflocke* (von hippen Städten wie Berlin und San Francisco), wo jede makabre Äußerung gleich in einem medialen Shitstorm endet.

Doch der interessanteste Fakt, neben der weltberühmten Unfreundlichkeit natürlich, ist die Tatsache, dass Wien seit sage und schreibe zehn Jahren auf Platz eins der meisten Listen bezüglich Lebensqualität zu finden ist. Sie haben richtig gelesen: Wien ist die lebenswerteste Stadt unseres Planeten[5]. Einige spitze Zungen behaupten sogar, dass die wienerische Unfreundlichkeit zu dem rigorosen *Lebenswert* beiträgt oder gar der Hauptfaktor dafür sei. Hierzu muss gleich angemerkt werden, dass man nur selten in seinem Leben so einen fatalen Blödsinn lesen wird. Unfreundlichkeit sorgt für Unbehagen und außerdem finden sich diese Faktoren weder in den referenzierten *Studien* wieder, noch lässt sich einer der Prädiktoren vom *grantig* sein ableiten. Sollten Sie anderer Meinung sein, dann bitte ich Sie, mir den Zusammenhang zwischen Unfreundlichkeit und Grünfläche zu erläutern.

Allerdings ist es eine berechtigte Frage, wie eine der unfreundlichsten Städte der Welt gleichzeitig eine der lebenswertesten sein kann. Hat also Unfreundlichkeit etwas mit Lebensqualität zu tun? Ist unhöfliches Verhalten ein Teil des guten Lebens? Nein – es sind völlig voneinander unabhängige Auffassungen, basierend auf nicht miteinander zu vereinbarenden Variablen. Zum Vergleich der Lebensqualität hat *Mercer* eine Studie mit auswertbaren Qualitätskriterien erstellt, während *InterNations* seine völlig planlosen Community-Mitglieder über "Freundlichkeit gegenüber Expats" befragt hat. Fakten gegen Emotionen. Ganz

---

[5] Mercer's Quality of Living survey 2019

abgesehen von berechtigter Kritik der Wirtschaftsagentur Wien an einer zu geringen Stichprobengröße der Befragten[6]. Laut Angaben von *InterNations* reicht es, wenn 45 der 25.000 in Wien lebenden Expats an der Umfrage teilnehmen, um in das Ranking aufgenommen zu werden. Die Expat-Plattform rechtfertigte dies damit, dass sage und schreibe ganze 200 Personen teilgenommen haben. Ausschließlich die Meinung von Expats heranzuziehen, ist in etwa so aussagekräftig, als würde man alle Großstadt-Kevins über die Qualität der Rechtsberatung renommierter Anwaltskanzleien befragen. Am Ende steht ein Ergebnis, aber der repräsentative Wert dieser Umfrage darf angezweifelt werden.

Als zumindest diese Fragen geklärt schienen, bildeten sich weitere Fragen in meinem Kopf. Ich wollte wissen, ob Wien nun wirklich unfreundlicher als andere Metropolen sei. Aber wie geht man dieser Frage am besten auf den Grund, ohne Städte miteinander zu vergleichen? Wie wir bereits festgehalten haben, lässt sich ohne fundiertes Wissen und Insights nur schwer etwas über lokale Kulturen sagen. Der direkte Vergleich war also keine Option, da zu viele Variablen zu berücksichtigen wären. Natürlich hatte auch ich aufgrund meiner Auslandsaufenthalte den Eindruck gewonnen, dass einige Städte freundlicher waren als andere. Allerdings macht dabei jeder seine individuelle und subjektive Erfahrung. Der Eine kann die beste Zeit seines Lebens in London verbringen, der andere hingegen seinen persönlichen Alptraum erleben. Dementsprechend kann aus den eigenen Erfahrungen und Emotionen ebenfalls kein nachhaltiger Schluss gezogen werden. Dabei wäre natürlich auch zu klären, ob man bei einem Auslandsaufenthalt wirklich die lokale Kultur kennenlernt, oder einfach nur in den sogenannten Tourismus-Vierteln verkehrt. Bekanntlich sind die arbeitenden Einwohner von Tourismusgemeinden besonders gefällig oder eben nicht. Ganz zu schweigen davon, ob weitere Einflüsse wie Jahreszeit, Wetter oder sonstiges *vis maior* vorliegen. Also blieb nur eine sinnvolle Herangehensweise zur Klärung der Frage übrig: Wenn man wissen möchte, ob eine

---

[6] Der Standard - Für Expats ist Wien weiterhin eine der unfreundlichsten Städte

Ortschaft unfreundlich ist, dann bleibt einem letztlich nur das Auseinandersetzen mit der Stadt selbst. Und genau deshalb habe ich die besten Alltagsgeschichten zusammengefasst und in dieses Buch gepackt. Wer einen Ort *verstehen* will, muss auch seine Geschichten kennen.

Also begann ich mich an meine eigenen Wien-Erfahrungen zurückzuerinnern. Anschließend sprach ich mit Freunden, Bekannten und Verwandten und hörte mir ihre Geschichten an. Als die mediale Aufmerksamkeit rund um die legendäre Unfreundlichkeit nicht abzuklingen schien, begann ich auch online zu recherchieren und mich mit Fremden auszutauschen. Solange, bis ich schließlich die besten Geschichten, Erfahrungen, Anekdoten und Legenden über Wien gesammelt hatte. Nach Lektüre dieses Buches können Sie also selber entscheiden, ob Wien und seine Einwohner unfreundlich, einfach nur witzig, etwas völlig anderes oder vielleicht alles auf einmal sind.

Doch um Wien und sein *Granteln*[7] wirklich zu verstehen, bedarf es einiger Zusatzinformationen. Diese involvieren die Stadt selbst, die geselligen Ortschaften der Zusammenkunft, die Sprache und den Akzent, den Witz und Humor, Informationen zu den Einwohnern, bis hin zu der Seele des echten Wieners. Genau deshalb werden diese Themen als Kulturexkurs in diesem Buch behandelt. Und dort, wo die Menschen zusammenkommen, finden auch unsere Geschichten statt. Denn erst wenn man versteht, was eine Stadt im Kern ausmacht, kann man ein informiertes Urteil treffen.

Genug mit der Einführung. Jetzt widmen wir uns den witzigsten Geschichten, die unsere schöne Stadt hervorgebracht hat. Dabei handelt es sich um eine Mischung aus persönlichen, fremden, legendären, unbekannten, neuen und alten Anekdoten. Wo treiben sich die Wiener also herum und wo sind sie besonders unfreundlich? Meine Recherche brachte mich an diverse Örtlichkeiten. Einige davon werden Sie bereits selber kennen. Und womit kann die Erzählung besser beginnen als mit dem sagenumwobenen *Wiener Kaffeehaus?*

---

[7] Fortwährend schlecht gelaunt, verdrießlich sein und sich entsprechend negativ äußern.

"Wien wurde also zur drittunfreundlichsten
Stadt der Welt gewählt!
Warum nur Dritter, Ihr G'schissenen?"

Strizzi89

Das Kaffeehaus

"Das ist das Geheimnis des alten Wiener Cafés: Der Ober ist vergesslich, die Kassiererin ist hässlich, die Wände sind grau, die Beleuchtung ist schlecht: lauter Dinge, die ich schön finde."

Arthur Schnitzler

Das Wiener Kaffeehaus ist nicht nur ein immaterielles Weltkulturerbe der UNESCO, es ist vermutlich die *Wiener Institution* schlechthin und blickt dabei auf eine lange und einzigartige Geschichte zurück.

Der Legende nach fanden die Wiener nach dem Sieg über die Osmanen in der zweiten Türkenbelagerung unzählige Säcke gefüllt mit seltsamen braunen Bohnen. Das unwissende Volk des späten Mittelalters hatte natürlich (noch) keine Verwendung dafür. Da man die Bohnen für Kamelfutter hielt, wurden sie angezündet und verbrannt, worauf ein wohlriechendes Aroma die Luft durchdrang. Fasziniert von der Entdeckung des Geruchs wurden die Säcke an den Retter Wiens als *Dankeschön* übergeben, *Johann III. Sobieski* – dem König von Polen und Großfürst von Litauen. So wie das unwissende Volk, wusste auch *seine Exzellenz* nichts damit anzufangen. Also übergab dieser die Bohnen an seinen ersten Offizier *Georg Franz Kolschitzky*, der anschließend das erste Kaffeehaus gründete. Heutzutage wird gemunkelt, dass diese Geschichte bloß erfunden sei, denn eigentlich habe *Kaiser Leopold I.* dem Armenier *Johannes Theodat* als Dank für dessen Dienste die Hoffreiheit erteilt, das vermeintlich türkische Getränk *Kaffee* zu präparieren und zu verkaufen. Et voilà: Das erste Kaffeehaus wurde gegründet. Da die erste Version der Geschichte die schönere ist, möchte ich gerne an dieser festhalten. Selbst wenn sie frei erfunden sein sollte, so möge man einfach nur an Erich Kästers Worte denken: *"Ob die Geschichte wirklich passiert ist oder nicht, ist egal. Hauptsache, sie ist wahr."*

Bereits der legendäre Schriftsteller *Stefan Zweig* nannte das Wiener Kaffeehaus, auch *Café* genannt, eine *"Institution der besonderen Art, die mit keiner ähnlichen der Welt vergleichbar ist."* Im Unterschied zu den Kaffeehäusern der restlichen Welt, ist es in Wien durchaus gang und gäbe, eine *Melange*[8] zu bestellen und stundenlang sitzenzubleiben. Eine beliebte Tätigkeit während der verdienten Rast war stets das Lesen aller möglichen Tageszeitungen. Diese waren kostenlos erhältlich und auf tragbare Zeitungsständer gespannt, die üblicherweise aus Bugholz gefertigt waren. Im späten 19. Jahrhundert entwickelte sich das Wiener Kaffeehaus zum Arbeitsplatz einer Vielzahl von Literaten, woraus später die sogenannte *Kaffeehausliteratur* entstand. Darunter sind literarische Werke zusammengefasst, die ganz oder zumindest teilweise in Kaffeehäusern geschrieben wurden. Dementsprechend wurden die Autoren *Kaffeehausliteraten* genannt. Das Zentrum dieser Belletristik war Wien, aber diese Literaturform entstand ebenfalls in weiteren Metropolen in ganz Europa.

Spätestens seit besagtem Zeitpunkt galt das Kaffeehaus als Treffpunkt für intellektuelle Stadteinwohner schlechthin und wurde von

---

[8] Die Wiener Melange ist eine österreichische Kaffeespezialität. Sie besteht aus einem Teil Kaffee sowie einem Teil Milch und einer Haube aus Schlagobers. Sie wurde erstmals um 1830 in Wien angeboten.

vielen bekannten Personen aus Kunst, Wissenschaft und Politik seiner Zeit regelmäßig aufgesucht. Darunter befanden sich legendäre Persönlichkeiten wie Egon Schiele, Gustav Klimt, Oskar Kokoschka, Adolf Loos, Theodor Herzl, Siegfried Marcus, Sigmund Freud, Leo Trotzki, Peter Altenberg, Arthur Schnitzler, Hugo von Hofmannsthal, Alfred Polgar, Karl Kraus, Stefan Zweig, Hermann Broch und Friedrich Torberg. Vor allem Letzterer widmete in seinem Meisterwerk *Die Tante Jolesch oder Der Untergang des Abendlandes in Anekdoten* der Kaffeehauskultur einen besonderen Platz.

In den 50er Jahren des vergangenen Jahrhunderts setzte das sogenannte *Kaffeehaussterben* ein und hält bis heute an. Dies ist primär auf die Änderung der Freizeitgewohnheiten zurückzuführen und aktuell sind nur noch drei der verzeichneten 15 Kaffeehäuser vom *Goldenen Zeitalter* vorhanden. Neben all den schön verbrachten Nachmittagen, den intellektuellen Gesprächen und natürlich den interessanten Individuen, machte vor allem eine weitere Komponente das Kaffeehaus zu etwas Besonderem: die legendäre Unfreundlichkeit des *Herrn Ober*[9].

---

[9] Ober steht umgangssprachlich verkürzt für Oberkellner. In Wien eine wahre Respektsperson!

ANEKDOTEN
AUS DEM KAFFEEHAUS

In einem legendären Kaffeehaus in der Wiener Innenstadt.
Gast: "Herr Ober, einen kleinen, alkoholfreien Radler bitte."
Ober: "Oiso I hob no nie ghört, dass eina a Bier in einem Sotz
drei moi beleidigt."

*

Eine junge deutsche Touristin holt den Ober an den Tisch. Während
dieser ungeduldig wartet, blickte die Dame weiterhin suchend in die
Karte. Als dieser bereits gehen möchte, öffnet sie schließlich doch den
Mund: "Eine Tasse guten deutschen Kaffee, bitte."
"Ned amoi ihr hobts an guaden deitschen Kaffee"
– und der Ober verschwand.

*

Ein deutsches Touristenpaar im ersten Bezirk. Der Ober geht bereits
das dritte Mal an ihnen vorbei und macht keine Anstalten
zu bedienen. Der Tourist etwas genervt "Hallo!"
Antwort des Obers: "Sie san do net in ana Telefonzelle! Wos woin's?

*

Ich bin mit deutschen Bekannten im Kaffeehaus in Wien.
Sie zum Ober: "Hallo"
Ober: "Da hallo is scho gschturm!"

*

In einem Wiener Kaffeehaus im ersten Bezirk.
Zwei deutsche Touristen setzen sich und fuchteln mit den Händen,
bis schließlich der Ober kommt.
Touristen: "Zwei Kaffee bitte."
Ober: "In Wien miassn's scho spezifizieren."

*

Im Arena-Beisl in Wien Erdberg. Das Konzert in der Halle geht gleich
los und ich will einen Plastikbecher zum Umfüllen meines Biers.
Der Barmann ist voll gestresst – also nehm ich mir einen (stehen
sowieso gleich da). Er sieht das und schreit: "Nimm sofuat die Hand
hinter'm Budl weg, sonst reiß i si da o."

*

An einem Herbstnachmittag im Gastgarten im 14. Bezirk. Gerade
noch warm genug um draußen zu Sitzen. Eine Dame spricht grußlos,
aber in breitem Schönbrunner Deutsch, den Ober an:
"Wo ist denn hier der wärmste Platz?"
Ober: "Drin."

*

Ich treffe eine Freundin im Café Ritter. Sie sitzt bereits bei Tisch,
während ich mir den Mantel ausziehe und der Ober im Eilschritt
zu uns trabt.
"Wos kriegn's denn?"
"A Krügl. Wos habt's denn für a Bier?"
"Sog i ned!" - und schon war der Ober weg.

*

Zwischenstation zum Aufwärmen an einem kalten Wintertag.
Der Ober kommt genervt zum Nebentisch und eröffnet das Gespräch
mit einem charmanten "Wos wü'st?".
Mann: "Kann ich bitte ein Glas Wasser zum Kaffee haben?"
Ober: "Ham ka Wossa."
Mann: "Wie, Sie haben kein Wasser?"
Ober: "O'draht is!"
Und bevor er fragen konnte, wie denn dann der Kaffee zustande
kommen würde, war der Ober auch schon weg.

*

Ein deutscher Gast zum Ober:
"Super, das war ausgezeichnet, Mensch."
Der Ober entgeistert: "Oaschkreula, Hinicha!" - und geht.

*

Neulich im Café gleich um die Ecke. Ein Deutscher, bekannter Gast
wird gefragt, wie lang er denn noch in Wien bleibt. Alle sind über die
Antwort zufrieden, außer der Ober:
"Wos? Des haast, du bleibst uns di nächstn 14 Tag net daspoaht?"

*

Café in der Nähe vom Club U4. Wie immer voll von Jugendlichen
beim Vorglühen. Ober, wie immer bester Laune, servierend:
"Do hobt's es Trottln, eich soit ma jo nur Blechhefal histön, es
Wappler ihr."

*

In einem Wiener Lokal mit Freunden und Bekannten aus dem nördlichen Nachbarland.

Beim Bestellen ist einer von ihnen äußerst unschlüssig und nervt den Ober mit sinnlosen Fragen. Der Ober bleibt freundlich und geht. Kurz darauf ruft der Gast erneut nach dem Personal – er würde doch lieber etwas anderes nehmen. Nach der Umbestellung sieht er am Nebentisch ein Gericht, das ihm verlockend erscheint, ruft abermals nach dem Kellner und ändert erneut seine Bestellung. Der Ober bleibt weiterhin freundlich und geht. Nach kurzer Zeit kommt er retour, stellt meinem Bekannten ein Spielzeugauto vor die Nase und meint: "Da ham's was zum Spielen!" Auf seine Frage "warum?" antwortete er:
"Damit's abgelenkt san und auf kane deppate Ideen kumman!"

*

Letzter Wien-Besuch. Zum ersten Mal im Café Hawelka. Ich mache es mir gemütlich, winke den Ober heran und er schlurft langsam her. Ich, voller Vorfreude auf die Kaffee-Köstlichkeit: "Einen Cappuccino, bitte". Der Ober schaut mich nicht mal an, dreht sich um und grantelt: "Bei uns is des a Melange."

*

Auseinandersetzung zwischen einer schreienden älteren Frau und einem entspannten Ober, der wirkt, als ob der die Ruhe selbst wäre. Die Dame beschwert sich wütend beim Ober über ihre Bestellung. Der Ober, die Augen kaum mehr als einen Schlitz geöffnet, erwidert: "Red ma's in a Sackal. Ich huach ma's dann au, wenn ma amoi fad is."

*

Eine großartige Sichtung in einem traditionellen
Hietzinger Kaffeehaus:
Ober: "Wos derf's denn sein?"
Ich: "Könnten wir erst mal die Karte sehen, bitte?"
Ober: "Des ah noch!", geht kopfschüttelnd ab.

*

Café Westend um 8 Uhr morgens. Am Nebentisch bestellt
eine junge Frau ein "Marmeladenbrötchen". Der Ober darauf:
"Marmeladesemmerl gibt's bei der Mama. Bei uns gibt's a
Buttersemmerl und a Marmelad!"

*

Ich zum Ober im Café: "Ein Soda Zitrone, bitte."
Ober: „Heast, trink wos Gscheits oder schleich di."

*

Letztens in der Wiener Innenstadt. Nachdem wir uns beim
Würstelstand den Magen vollgeschlagen haben, gehen wir ins Café.
Wir bestellen zwei Cappuccino und werden vom Ober gefragt, ob wir
nicht "Vitamine" dazu wollen. Verdutzt fragen wir nach, was er damit
denn meine. Er entgegnet bloß: "Na Vitamine, an Apfelstrudel
oder so."
Wir lehnen dankend ab, woraufhin sich der Ober mit den Worten:
"Die nächste Grippn kummt bestimmt" umdreht und Richtung
Küche geht.

*

Ein beliebtes Kaffeehaus mit vielen Touristen. Der Ober fragt die deutschsprechenden Amerikaner am Nebentisch, was sie möchten. Eine junge Frau antwortet nachdenklich: "Hm, ich weiß nicht". Ober: "Hm, ich weiß nicht ist bereits aus", dreht sich um, kommt zu unserem Tisch und fragt freundlich: "Bei Ihnen alles in Ordnung, mein Herr".

*

Mein erstes Mal in Wien: 18 Jahre altes Mädchen und keine Ahnung von lokaler Kultur. Ich betrete ein Kaffeehaus und möchte bestellen: "Ein Apfelsaft mit Wasser, bitte."
Ober: "Sowas homma ned" – und geht.
Verdutzt blicke ich abermals in die Karte und erkenne den Ausdruck Obi gespritzt wieder und bestelle erneut beim Ober. Er bloß: "Na da schau hea, dea Zukunftsakademiker lernt ja schnöö."

*

Ich, beim Betreten eines Kaffeehauses (19 Jahre jung und frisch vom Land) zum Ober: "Grüß Gott!"
Ober: "Gott gibt's ned!"

*

Im Jahr 2015 auf einem Konzert in einem Café am Gürtel. Ein Typ drängt sich an mir vorbei und balanciert dabei drei große Bier. Natürlich stolpert er und schüttet mir einen nicht unerheblichen Teil der Getränke über mein Gewand. Auf mein ausgesöhntes "Oida?", antwortete er: "Wos is leicht? Muasst eh morgen waschn."

*

Letztens im Kaffeehaus:
Ich: "Herr Ober, bringen's ma bitte an frischen Kaffee. Den do kann man ja net saufen!"
Ober: "Na der nächste is a ned bessa."

Wienerisch

"Der wienerische Dialekt ist darum so hübsch, weil die Rede beständig zwischen Sichgehenlassen und Sichzusammennehmen hin und her spielt. Er gestattet damit einen durch nichts andres ersetzbaren Reichtum der Stimmungswiedergabe."

Christian Morgenstern

Wienerisch ist eine gewählte Bezeichnung für den Akzent, den die Einwohner der österreichischen Bundeshauptstadt sprechen. Laut besonders vertrauenswürdigen Quellen wie Wikipedia gehört das Wienerisch zu den ostbayerischen Dialekten, angesiedelt in der bayrisch-österreichischen Dialektgruppe. Diese Behauptung einem Wiener gegenüber aufzustellen, hat in der Vergangenheit zu derben Beschimpfungen bis hin zu bleibenden Verletzungen geführt. Dementsprechend ist vom Verbalisieren dieser vermeintlichen Erkenntnis dringlichst abzuraten.

Wie andere Dialekte unterscheidet sich *Wienerisch* vehement vom sogenannten Standarddeutsch unter anderem (aber nicht ausschließlich) durch Wortschatz, Grammatik und Aussprache. Neben bekannten Ausdrücken wie "leiwand", "oida" und "putz di, du Pfeiffn", ist *Wienerisch* insbesondere für seine Vielseitigkeit und Ausdrucksstärke bekannt.

Seine historischen Wurzeln findet das Wienerisch angeblich in der prähistorischen keltischen Sprache wieder und wurde stark durch Wörter des Germanenstamms der Goten beeinflusst. In ihrer weiteren Entwicklung wurde die lokale Sprache als eine Ausweitung des altbayerischen Dialekts kategorisiert. Angebliche Kennzeichen hierfür waren die Lautverschiebung der Konsonanten entlang der *Benrather-* sowie *Speyerer Linie*, aber auch Vokalverschiebungen wie die *Diphthongierung*. Dabei handelt es sich um Kennzeichen, die trotz Unterstützung durch das Institut für Sprachwissenschaft der Universität Wien, eine völlige Verwirrung der Leser garantieren.

In der Entwicklung vom Mittelalter zur Neuzeit hatte Wien nicht nur aufgrund der kaiserlichen Präsenz eine besondere Bedeutung inne, auch der Zuzug vieler Völker aus dem Wiener Hinterland sorgten in der Kaiserstadt für die Entwicklung des sogenannten *Vielvölker-Germanisch*. Völker wie die Slawen, Magyaren und Franzosen kamen aufgrund Wiens bedeutender Handelsstellung in die Hauptstadt und brachten sprachlichen Einfluss mit. Die fremden Völker waren in Wien sehr willkommen, wobei die Franzosen damals wie heute eher unbeliebte Gäste waren.

Der Komponist und Dichter *Wolfgang Schmeltzl* fasste in seinem *Lobspruch der hochlöblichen weitberümbten khünigklichen Stat Wień in Osterreich* zusammen, welche Sprachen er beim Flanieren[10] durch die Stadt vernehmen konnte: *"Hebreisch, Griechisch und Lateinisch, Teutsch, Frantzösisch, Türkisch, Spanisch, Behaimisch, Windisch, Italianisch, Hungarisch, guet Niderlendisch, Naturlich Syrisch, Crabatisch, Rätzisch, Polnisch und Chaldeisch."* Zum Glück war Französisch wieder aus Wien verschwunden.

Doch den vermutlich stärksten Einfluss auf das Wienerisch von heute hatte die sogenannte *Gaunersprache*, auch bekannt als *Geheimsprache*, die im 12. und 13. Jahrhundert in Wien entstand. Dabei prägten

---

[10] Der Flaneur ist ein Mensch, der im Spazierengehen schaut, genießt und planlos umherschweift – er *flaniert*.

gesellschaftlich ausgeschlossene, wie beispielsweise Juden, den lokalen Wortschatz mit der jiddischen Sprache und deren Ausdrücke wurden an den lokalen Klang angepasst. Dabei wurden durch witzige oder poetische Sinnübertragungen neue Wörter kreiert, die 1443 in der *Wiener Bettelordnung* von der Polizei zusammengefasst wurden. Ziel dieses rigorosen Werkes war es, den Behörden dabei zu helfen, Bettler und "fahrende Völker" leichter verstehen und kontrollieren zu können. Dabei wurde völlig außer Acht gelassen, dass die gemeinen Gauner und Ganoven nicht auf den Kopf gefallen waren und gebrauchte Wörter ganz einfach durch neue ersetzten. Somit erweist sich das *Rotwelsch*[11] als eine der reichsten Quellen für das Wienerische.

Wienerisch tendiert aufgrund seiner Laute und Vielseitigkeit als besonders charmant und unfreundlich zugleich eingestuft zu werden. Eine Kombination, die so wie die gesamte Stadt, von besonderen Gegensätzen geprägt ist.

---

[11] Rotwelsch ist ein Sammelbegriff für sondersprachliche Soziolekte gesellschaftlicher Randgruppen auf Basis des Deutschen.

NUN WIEDER ZURÜCK
ZU DEN ANEKDOTEN

Meine Freundin und ich sitzen im Kaffeehaus und bestellen heiße Schokolade. Die Kellnerin notiert und fragt nach: "Mit oder ohne Schlag?". Meine Freundin ist unschlüssig: "Hm, ohne … Nein! Mit Schlag, bitte." Die Kellnerin mustert meine durchaus normal gewichtige Freundin mit einem verächtlichen Blick: "Sicha? Oiso ohne warat gscheiter – füa die schlanke Linie und so."

*

Als normal-gewichtiger Mann Mitte dreißig saß ich letztens auf einem komplett maroden Kaffeehaussessel. Als ich nach meinem Getränk griff, brach der Stuhl plötzlich zusammen. Der Ober geht vorbei, sieht mich an, aber bleibt nicht einmal stehen:
"Des ist owa Ihre Schuld, wenn's so blad san!"

*

Letztens in einem Studentencafé, Gegend Währinger Straße.
Der langhaarige Barmann sieht bereits völlig gereizt aus, als er noch hochkonzentriert auf sein Handy starrt.
Ein Gast wagt es dennoch zu fragen, und bestellt:
Gast: "Einen Cappuccino, bitte!"
Barmann: "Mit Milchschaum?"
Gast: "Ja bitte."
Barmann: "Dann ist es a Melange!"

*

Meine Lebensgefährtin, eine gebürtige Südtirolerin, hat kurz nachdem
wir zurück nach Wien gezogen sind, in einem Café in Hetzendorf
eine Sachertorte "mit Sahne" bestellt. Worauf der Ober gemeint hat
"So lang'st ned Schlagobers sagst, krieag'st bei mir goanix!"

*

Vor vielen Jahren mit meinen Freunden im Café in Favoriten.
Wir waren alle schon ein bisschen voll. Eigentlich wollten wir gehen,
aber eine Freundin wollte noch einen letzten Absacker.
Meine Freundin zum Ober: "I krieg no schnell an Gspritztn, bitte!"
Ober:" Schnöö gibt's bei uns goa nix."
Der Abend wurde zur Legende.

*

Letztens nach dem Gesundheitszentrum im 10. Bezirk noch kurz auf
ein Gläschen ins Café gegangen. Meine Freundin winkt nach dem
Ober, dieser huscht vorbei, doch ich bring noch meine Bestellung
durch: "Zwa Gspritzte!"
Ober: "Des siach i eh und was woits trinken?"

*

Letztens in einem bekannten Wiener Café im ersten Bezirk.
Ein Touristenpaar bestellt zweimal Schorle. Ober nickt und bringt
gebackene Scholle mit Kartoffelsalat. Woraufhin die Touristin entsetzt
den Ober angeht: "Wir haben aber Schorle bestellt!"
Der Ober entgegnete trocken: "Jo eh! Scholle is a Fisch." - und geht.
Die Blicke des Touristenpaars waren unvergesslich.

*

Ein Arbeitskollege und ich betreten ein Café im 6. Bezirk in der Nähe der Mariahilfer Straße. Neu in der Stadt und daher unsicher deute ich auf einen kleinen Tisch und frage den Ober:
"Kann ich diesen Tisch haben?"
Klare Antwort: "Na, aba Sie können sich hinsetzen!"

*

Café am Heumarkt. Ich sitze mit der neuen Affäre an einem Tisch und wir geben uns verstohlen einen kleinen Kuss. Uns beobachtend schreit der Ober hinter die Bar zum Kellner:
"Heast, spea denan do gleich das Separee auf!"

*

Beim Mittagessen im Café um die Ecke erzählte ich meinen Kollegen, dass ich einen Apfel nur esse, wenn er mir geschält und geschnitten gegeben wird. Daraufhin erwidert meine immer grantige Kollegin:
"Redst du immer so an Scheiß oder nur z'Mittag kumuliert?"

*

Letzten Sommer saß ich mit meinem Bruder in einem Schanigarten in Wien 1020. Zugegeben, ich rauche Smart und die Packung lag bereits auf unserem Tisch.
Der Ober kommt und wir können bestellen.
Ich: "Zwei Krügerl, bitte". Der Ober schaut auf meine Tschick, schaut danach mich an und raunzt beleidigt: "Wer Smart raucht, frisst auch kleine Kinder!"
Danach ging er. Bier haben wir keines bekommen.

*

Kleines Kaffeehaus im 1. Bezirk. Wir zum Ober: "Könnten wir den Apfelstrudel bitte mit Vanillesoße anstatt Schlagobers haben?"
Ober: "Wir san ka Wunschkonzert!"

*

Zwei junge deutsche Mädels am Nebentisch.
Ober: "Wos darf i den Damen bringen?"
Ich: "Einen Cappuccino und einen Kaffee Latte, bitte."
Der Ober dreht sich um und schreit hinter die Theke:
"Zwei Melaunsch!"

*

Sonntagvormittag. Langsam öffne ich die Tür zum Café Hawelka, um nachzuschauen, ob es im Lokal einen freien Tisch gibt. Die Hilfsbereitschaft des Obers äußerte sich in einem mittelschroffen:
"Tür zu!"
Und draußen war ich.

*

Beim Kaffeetrinken in Wien 1060. Ober kommt und bringt Kaffee zu unserem Tisch. Der Gast am Nebentisch blickt zum Ober auf:
"Könnte ich bitte ein Glas Wasser haben?"
Ober: "Woin's an Handtuch und ane Seifen a?"

Johannisbeer ist süße Frucht,
Doch süßer klingt: »Ribisel«;
Der Deutsche sagt: "Ein hübsches Gesicht!"
Der Wiener: "A hübsch G'friesel!"
Die deutschen Jungfraun zieren sich
Spröd-ernsten Wesens, strengens;
Die Wienerin hält sich den Mann vom Leib,
Und lacht und sagt: "Jetzt gengens!"
Und wenn er dringend wird und spricht
Von seinem gebrochen Herzen,
Dann schaut sie ihm ernsthaft ins Gesicht:
"Sonst habens keine Schmerzen?"
Und will er die Pistole gar
Nach Brust und Stirne richten,
Da nimmt sie ihn freundlich bei der Hand:
"Gehns, machens keine G'schichten!"

Franz Grillparzer

Das Wirtshaus

"Der echte Wiener geht abends ins Wirtshaus und morgens ins Kaffeehaus. Und deshalb geht er der Einfachheit halber gleich von einem zum anderen."

Ludwig Anzengruber

Wenn das Wiener Kaffeehaus eine Erwähnung verdient, darf das Wirtshaus natürlich nicht fehlen. Umgangssprachlich wird das Wirtshaus in Wien auch *Beisl* genannt. Ein Ausdruck, der in den Ohren der meisten Wiener große Freude emporsteigen lässt. Die Herkunft des Wortes ist umstritten, doch behaupten diverse Quellen, dass sein Ursprung im tschechischen Wort *Pajzl* liegt, welches so viel wie *Kneipe* und *Gasthaus* bedeutet. Andere Quellen wiederum besagen, dass sich die Bezeichnung der wienerischen Gaststätte von dem jiddischen Wort *Bajiss*, also Haus, ableiten lässt.

Auch wenn die Herkunft des Ausdrucks umstritten sein mag, ist die Geschichte dieser Örtlichkeiten durchgängig anerkannt: Unter *Beisln* verstand man ursprünglich Lokale niederster Güte – insbesondere das

Bordell. Heute hingegen spricht man sogar schon von Nobelbeiseln und meint damit exquisite Lokale, die verfeinerte bodenständige und lokale Küche anbieten. Nicht zu verwechseln mit den Nobelbordellen versteckt hinter dem schönen Palais Coburg, wo es ebenfalls feine Häppchen zum Anbeißen gibt, die überwiegend von russischen Geschäftsleuten und Wiener Politikfunktionären aufgesucht werden, um sich vor der Weiterreise nach Ibiza ein wenig zu erholen.

Im *Beisl* sind oftmals Menschen der Kategorie *echte Wiener* anzutreffen, die nach einem langen Tag im Kaffeehaus ihre von Koffein zitternden Hände mit ein paar Bieren wieder beruhigen möchten. Dabei wird Bier in den drei Größen *Pfiff, Seidel* und *Krügerl*[12] angeboten. Bezüglich der Maße in Unkenntnis zu sein, kann zu einem derben Zwist zwischen Kunde und Wirt führen. Für Weinenthusiasten empfiehlt sich *a Viertl* Hauswein, wobei darauf zu achten ist, dieses am besten mit jeder Menge kohlensäurehaltigem Wasser zu *spritzen*, da es ansonsten am darauffolgenden Tag zu einem Gesamtausfall der körperlichen Fähigkeiten kommen kann. Vom Kater ganz abgesehen.

Prinzipiell lassen sich zwischen Wirtshaus und Gasthaus keine großen Unterschiede erkennen. Die prägnanteste Abweichung ist genauso schön wie einfach: Im Gasthaus mag der Kunde König sein, doch im Wirtshaus ist der Wirt der Kaiser!

---

[12] Österreichische Maßeinheit für Bier - klein, mittel groß.

ANEKDOTEN
AUS DEM WIRTSHAUS

Ich bin im ersten Bezirk mit einem Freund auf zwei Bier. Meines ist ausgetrunken, er hat noch knapp die Hälfte. Der Wirt kommt vorbei und fragt mich freundlich: "Derf's no ans sei?" und zu meinem Kollegen "Soll i dir an Teebeutl bringen?"

*

Letztens sitz ich in unserem Krätzl-Wirtshaus und trinke ein Bier. Am Nebentisch sitzt ein Pärchen und bestellt Steak. Der Gast fragt den Wirten: "Was ist denn da dabei, bei Steak?"
Wirt: "Die Mehrwertsteuer!"

*

Ein vollbepackter deutscher Reisebus hält vor einem bodenständigen Lokal in einem Wiener Außenbezirk. Die Gruppe betritt das Lokal und setzt sich, ohne zu grüßen, zielsicher an den Stammtisch. Anschließend sprechen sie den Wirt mit "Junger Mann" an und bestellen Wiener Schnitzel mit Cremespinat, dazu ein Krügel Welschriesling. Reaktion vom Wirt: "Und jetzt gemma meine Herrschaftn, wiederschaun!"

*

Ein Gast zum Wirt: "Ein Seidel Bier, bitte!"
"Kumman's wieder, wenn's an Durscht hom."

*

In einem Wirtshaus im Bezirk Neubau.
Gast: "Habt Ihr auch was Fleischloses?"
Wirt: "Jo, Grammelknödel."

*

Der Wirt kommt zum Gast an den Tisch.
Gast: "Haben sie auch etwas Vegetarisches?"
Wirt: "Bratkartoffeln"
Gast: "Aber auf der Karte steht Kartoffeln mit Speck."
Wirt: "Speck is ka Fleisch. Des is a Gewürz!"

*

Wirtshaus am Rande Wiens. Die Kundschaft ist bereits etwas
betrunken, wobei einer ganz besonders auffällt.
Wirtin zu einem mühsamen Gast:
"Waßt wos? Du gheast zruck pudert und otriebn!"

*

Zwei ältere Damen sitzen in einem kleinen Wirtshaus. Mehrmals
kommt der Wirt vorbei, doch die Damen sind unschlüssig und
brauchen ewig, um etwas Passendes in der Speisekarte zu finden.
Abermals kommt der Wirt und fragt:
"Hommas dann die Damen?"
Damen: "Ja, zweimal Würstel mit Saft. Aber ohne den Saft, bitte."
Wirt antwortet: "Ohne Saft hommas ned".
Wirt geht wieder, die verdutzten Damen auch.

*

Letztens ein Lokal in 1080 Wien besucht. Am Nebentisch eine
70er-Feier. Mein Kollege schaut beim Hinsetzen die Geburtstagtorte
mit großen Augen an. Eine ältere Dame sieht dies und reagiert:
"Heast Bua, brauchst goaned denken, das't von dea Tortn
a Stickl ham konnst."
Mein Kollege bestellt sich die Schnitzelplatte – fünf Stück Schnitzel
mit Pommes Frites. Die ältere Dame schaut immer wieder neugierig
zu unserem Tisch und bekommt mit, dass der Kollege Deutscher ist.
Nachdem er mit Ach und Krach die Portion verdrückt hat, plärrt die
Dame zu uns rüber: "Heast Deitscha, host des jetzt wirklich
alles obe druckt?"
Ziemlich gezeichnet von der Portion antwortet er ihr:
"Ja habe ich, warum fragen Sie?"
Sie drauf: "Bua kumm hea, host da a Stickl Tortn verdient."

*

Letztens beim Biertrinken mit einem alten Arbeitskollegen der Sorte
echter Wiener. Obwohl wenig los war, brauchte der Wirt recht lang
um uns die Bestellung zu bringen. Als endlich das Bier ankam,
öffnete mein Kollege den Mund:
"Is des scho woam wurdn, solang wie des dauert hot?"

*

Letztens am Tisch nebenan. Kunde hat aufgegessen und
möchte gehen.
Der Gast zum Ober: "Kann I zahlen?"
Ober: "Na hoffentlich!"

*

Eine ganze Runde, bestehend aus vier Personen, bestellt ein
Wiener Schnitzel vom Kalb. Bloß eine Freundin bestellt sich eines
vom Huhn. Der Kellner kommt dann mit drei Tellern und fragt:
"Hühnerschnitzi?"
Freundin: "Hier, bitte!"
Kellner: "Kummt spätta." - und reicht den restlichen Anwesenden
ihre Bestellung.
Unsere Freundin ist daraufhin ein bisschen angerührt
– der restliche Tisch aber sehr erheitert.

*

Zwei deutsche Touristen in einem Wiener Restaurant.
Der Wirt serviert die bestellten Wiener Schnitzel. Der Gast schaut auf
den Teller, dann zum Ober, zurück zum Teller, anschließend wieder
zum Ober und fragt, ob er bitte "Tunke" zum Schnitzel bekommen
könnte. Der Ober beugt sich runter, den Arm Richtung Lokaltür
ausstreckend und erwidert:
"Wiederschaun, da gemma scho wieder ..."

*

Zwei deutsche Touristinnen betreten ein Wiener Wirtshaus zur
Mittagszeit und möchten ihre Bestellung aufgeben.
Touristin: "Wir hätten gerne zwei Wiener Melange und können
Sie uns einen Kuchen empfehlen?"
Wirt: "Sie woin nix zum Essen?"
Touristin: "Nö, nur Kaffee und Kuchen bitte."
Wirt: "Das Kaffeehaus ist auf der gegenüberliegenden Straßenseite.
Wir servieren jetzt Mittagessen und keinen Kaffee und Kuchen."

*

Anfang des Jahrtausends in der Ungargasse. Tatort ist ein Wirtshaus.
Ein aus der Gegend ums Belvedere versprengtes, japanisches
Touristenehepaar mittleren Alters betritt das Lokal.
Sie: "One Coke please"
Er: "Two, Sir"
Der Wirt entfernt sich ohne nennenswerte Reaktion und kommt
mit einem Cola und einem Krügerl zurück.
Wirt zu ihr: "Bittschee: a Cola."
Wirt zu ihm: "Und du bist a Mann, du trinkst a Bier."
Der Tourist hat es kommentarlos ausgetrunken.

*

Ende der 90er-Jahre in einem Wirtshaus in 1040 Wien.
In einem bekannten Lokal, wo das ORF Late Night Duo oft
anzutreffen war. Die Dame am Nebentisch adressiert den Wirten:
"Haben Sie auch ein kleines Schnitzel?"
"Bei uns san alle Schnitzerl kla."

WIENER MASSEINHEITEN

A Wengerl - Wenig

A Bisserl - Etwas mehr

A Äuzerl - Etwas zu viel / zu wenig

A Stückerl - Ein Teil eines Ganzen

Ums Oaschleckn - Sehr knapp

Ums Verreckn - Ums Oaschleckn

A Randl - Kurze Zeiteiheit

A Futzerl - Nicht messbare Größe

A Eckhaus - Zahl geht gegen ∞

A brader Weg - zu weit ums zu gehen

A Katzensprung - Weit genug fürs Auto

A ganzer Oasch voll - Ziemlich viel

A Hupferl - Nur kurz

Nix - Noch weniger als ned vü

Ned vü - A bisserl mehr als nix

Der Wiener Schmäh

"Der Wiener Schmäh ist eine Mesalliance zwischen Geist und Übertölpelung."

Dr. Fritz P. Rinnhofer

Der *Wiener Schmäh* ist nicht mit der Schmähung im klassischen Sinne zu verwechseln. Vielmehr bezeichnet er umgangssprachlich die wienerische Sprech- und Mundart, die sich allen voran durch Witz und Esprit auszeichnen. Er ist charakteristisch für den wienerischen Humor wie keine andere Komponente und kann in jeder gewünschten Kommunikation verwendet werden. Allerdings ist der besagte *Schmäh* sehr schwer definierbar, da sich im famosen Schmäh viel Sarkasmus, Arglist, Melancholie und Boshaftigkeit wiederfindet, dennoch alles in freundlicher, morbider, grantelnder, raunzender und charmanter Version vorzufinden ist. Den echten Wiener erkennt man daran, dass alles gleichzeitig vorkommen kann.

Von Unerfahrenen wird der *Wiener Schmäh* oftmals mit Charme verwechselt. Charmantes kann zwar dabei sein, aber der Schmäh setzt voraus, dass eine ironisch-zynische Distanz vorhanden ist. Außerdem zeichnet er sich durch eine gewisse Unfreundlichkeit, Übertreibung und Schlitzohrigkeit aus. Hinter diesem Schmäh steckt häufig das Diffamieren der Anderen, aber auch reichlich Selbstironie und Situationskomik. Gemeinhin gilt der Wiener Schmäh als hintergründig, indirekt und voller versteckter Anspielungen. Einfachheitshalber wird er gerne *schwarzem Humor* gleichgesetzt.

Wie das Wienerisch selbst, findet auch der Schmäh einen Teil seiner Wurzeln im *Jiddischen* wieder und lässt sich vom jiddischen Wort *Schema* ableiten, was so viel wie "Erzählung" und "Gehörtes" bedeutet. Wobei auch der Einfluss der Gaunersprache *Rotwelsch,* wie im gesamten Wiener Dialekt, von signifikanter Bedeutung ist.

Der *Wiener Schmäh* ist enorm facettenreich und es gibt unzählige Formen etwas auszudrücken, weshalb ihn Außenstehende oftmals als völlig unzugänglich bezeichnen. Dabei ist es nicht bloß Sprache, die den *Wiener Schmäh* ausmacht. Vielmehr fließen auch gesonderte Umgangsformen ein, die indirekt und voll von versteckten Anspielungen sein können. Ein Kompliment oder eine Beleidigung sind nicht für bare Münze zu nehmen, denn es gibt viele Ebenen der Subkommunikation, die auch im richtigen Kontext gesehen werden müssen. Dass dabei eine Beleidigung wie ein Kompliment wirken kann, ist vielleicht der Hauptgrund, warum Wien als besonders charmant und unfreundlich zugleich gilt.

Große und bekannte Vertreter des *Wiener Schmäh'* sind unter anderem Helmut Qualtinger, Hans Moser, Johann Hölzel (aka Falco), Karl Farkas, Johann Nestroy, aber natürlich auf noch lebende Einwohner wie Michael Niavarani, Roland Neuwirth, Werner Schneyder und Marianne Mendt.

JETZT GEHT ES WEITER MIT DEN
WIRTSHAUSANEKDOTEN

Ich sitze mit einem Freund aus der Schweiz in einem Beisl im zweiten Bezirk. Mein Gast kennt sich mit der Karte nicht aus und fragt den Kellner, was dieser denn empfehlen würde. Müde empfiehlt der Kellner Hendl mit Mais. Mein Freund bestellt das, dann dreht sich der Kellner um und sagt: "I dedat ma ka Hendl mit Mais bstöhn".

*

Letztes Jahr in einem bekannten Beisl in 1030. Alle bestellen Krügerl.
Die einzige Dame am Tisch wagt es, ein Pago zu bestellen.
Kellnerin: "Muass des sei? Do muass i extra in Kella owa!"
Dame: "Na gut, dann einen weißen Spritzer, bitte."
Kellnerin: "Na geht jo."

*

Letztens bei einem Schnitzelwirt im 7. Bezirk.
Kunde: "Was ist denn beim Schnitzel sonst noch dabei?"
Kellner: "Eine Zitrone".

*

Im Wirtshaus in Fünfhaus.
Ich: "Herr Kellner, kann ich zahlen?"
Kellner: "Des wü i hoffn!"

*

In einem kleinen Beisl im 9. Bezirk. Die Hälfte der Gäste am Tisch
hat ihr Essen bereits erhalten, die andere nicht
– und natürlich wartet man noch, bis der Rest serviert wurde.
Der Kellner im Vorbeigehen: "I tät no a bissl woatn, wei dann is unta
Garantie koit."

*

Samstagmittag im Beisl. Ein Freund von mir bestellt ein Seidl.
Der Kellner ignoriert ihn und geht. Im Vorbeigehen schnappt mein
Freund erneut den Kellner und bringt seine Bestellung durch.
Doch der Kellner meint lediglich: „Wenn's an Durscht ham, möden's
ehna hoit."

*

Nach dem Training gehe ich regelmäßig mit meinen Kameraden
Essen. Einmal sind wir zu zweit in ein Beisl im 15. Bezirk gegangen
und haben uns das serbische Schnitzel bestellt
– eine autoreifengroße panierte Obszönität, die über die Ränder der
eh schon riesigen Teller herunterhing. Wir aßen, was möglich war und
mussten etwa bei der Hälfte aufgeben. Die Kellner beim Abservieren:
"Na geh, wos hobt's 'n ka Kinderschnitzel bestöht?"

*

In einem vollen Beisl in der Wiener Innenstadt versuchte ich
verzweifelt, einen Ober zu motivieren, meine Bestellung aufzunehmen.
Nach 15 Minuten und gefühlten 40 "Entschuldigung"- Rufen,
antwortet der Herr Kellner endlich:
"Brauchst di net entschuidign, host ma eh nix toan."

*

Vor einigen Jahren hatte ich Besuch aus Kanada und geh mit meinen Gästen in ein Wirtshaus. Im Lokal frage ich den Wirten, ob er eventuell, vielleicht, ganz zufällig auch eine Karte auf Englisch für meine Gäste hätte. Dieser zog bloß die Augenbraue hoch: "Wozua? Sie kennan eh hoibwegs guat Deitsch."

*

Bei meinem ersten Wienbesuch vor gut 15 Jahren mit meinem damaligen Freund. Nach reichlicher Verwirrung treffen wir in einem Wirtshaus ein. Nach dem Essen bringt mir der Ober einen Schnaps und ich frag nach, wie ich zu dieser Ehre komme.
Ober: "Na mit dem do hom's as eh ned leicht"
Er zeigte auf meinen damaligen Freund …

*

Beim Schnitzelessen in einem bekannten Wiener Restaurant:
"Könnte ich noch einen Kartoffelsalat bekommen, bitte!"
"Homma ned. An Erdapfelsalat kennan's habn!"

*

Ich und ein Kommilitone beim Wirten. Wir beide kommen ursprünglich aus Oberösterreich, allerdings bin ich offenbar sprachlich schon besser angepasst als er.
Beim Ober gab ich meine Bestellung auf. Anschließend versucht der Kollege. Nach einem halben Satz dreht sich der Ober zu mir und fragt:
"Wos wü er hom?"

*

Sommer 2018 im Prater. Ein voller Gastgarten. Ich hoffe auf einen
Platz und gehe zum gestressten Kellner: "Guten Tag …"
Er unterbricht: "Na, is a ned. Leider."

*

Studienabschluss. Feierlichkeiten. Wir betreten zu viert ein
Wiener Beisl. Einer von uns sagt zum Kellner:
"Wir haben reserviert auf den Namen …"
Der Kellner antwortet: "Söwa Schuid!" und geht.

*

Beim Biertrinken in Wien Favoriten.
Ich: "Bitte ein großes Bier"
Wirt: "Bier? Wos Bier? Mia san a Bierlokal!
Sie gehn ja a ned in a Caféhaus und bestellen an Kaffee."

*

Beim Essen in Wien. Der Kellner kommt, um den Tisch
abzuservieren.
Kellner: "Hot's gschmeckt, den Herren?"
Gast: "Also ich hab schon besser gegessen."
Kellner: "Jo, oba ned bei uns."

*

Ein Bekannter hat anlässlich seines Geburtstages in ein Wirtshaus
eingeladen. Als er zum Wirten sagte:
"Ich mechat heit gern Wild essen!" – meinte dieser bloß darauf:
"Waun's meinan, dann geb i ehna ka Messa und ka Gabal dazua."

10. *KURIOSE* FAKTEN ÜBER WIEN

1. Die erste ORF-Sendung am 1.8.1955 war die Übertragung des Donauwalzers.

2. Ein Wiener Schnitzel hat etwa 518 Kalorien. Um es zu verdauen, benötigt man gut 8 Stunden – also mehr als genügend Zeit, sein Essverhalten grundsätzlich zu überdenken.

3. Der Guinness-Weltrekord für das größte Wiener Schnitzel wog beeindruckende 550 Kilogramm. Der Rekord für das längste Schnitzel ist 96,7 Meter.

4. Pro Tag legt ein Fiaker durchschnittlich 30 km zurück.

5. Um 1900 gab es in Wien ungefähr 1.000 Fiaker. Heute sind es nur noch 100.

6. Das Wiener Riesenrad bewegt sich mit atemberaubenden 0,75 Meter pro Sekunde. Das sind stattliche 2,7 km/h!

7. Nach abgeschlossener Ausbildung werden die Lipizzaner mit "Professor" angesprochen.

8. Die Schlossanlage Schönbrunn ist etwa so groß wie das Fürstentum Monaco.

9. Jedes Jahr finden in Wien über 300 Bälle statt – die meisten zwischen Januar und März. Zu dieser Zeit sieht man spätabends große Gruppen von Menschen in feinster Ballrobe an den Würstelständen stehen. In Wien wundert sich darüber allerdings niemand.

10. Mozartkugel, Mozarttorte, Mozarttaler … die bekannten Mozart-Köstlichkeiten gibt es in allen Varianten. Die "Mozartcreme" hingegen ist nicht zum Verzehr geeignet: Dabei handelt sich um Schuhcreme.

DAS WIENER GRUNDGESETZ

§ 1 Ois hoib so wüd

§ 2 Passt scho

§ 3 Schau ma mal

§ 4 Kaffeehaus is Lebensgefühl

§ 5 Wisdas mochst is foisch

§ 6 Bevor i mi aufreg, is ma's liaba wuascht

§ 7 Dazö kan Schaß

§ 8 Vom hudln kumman schiache Kinda

§ 9 Sei amoi a bissl leiwand

*§ 10 Liaba a Wampen vom Saufen ois an Bugl
vom Hackln*

Die öffentlichen Verkehrsmittel

... abgesehen von der ersten und letzten Tür gibt es in diesem Zug noch 16 weitere Türen. Diese sind allerdings nur vermittels eines anstrengenden Fußmarsches erreichbar! Da sehe ich natürlich schon ein, dass Sie lieber nachmittags in ein Studio gehen, sich 2 Stöcke unter die Arme klemmen und um gutes Geld laufen lernen. Schönen Tag.

Raimund Korner[13]

---

[13] Der legendäre Wiener U-Bahnfahrer. Er war bekannt für seine humorvoll mahnenden Durchsagen im Stil des *Wiener Schmähs,* die er gelegentlich auch in englischer Sprache zum Besten gab. Dabei waren sein poetisch-komplizierter Satzbau und höflicher Sarkasmus hervorstechend.

Anders als bei den bisher erwähnten Örtlichkeiten der Zusammenkunft, handelt es sich bei den *Wiener Linien* um ein eher unfreiwilliges Beisammensein unter den Hauptstadtbewohnern. Im Gegensatz zur freien Wahl, die den Besuchern beim Aufsuchen diverser Lokalitäten gegeben wird, ist die Nutzung der Verkehrsmittel für viele eine Grundvoraussetzung, um von einem Ort zum anderen zu gelangen. Da es dadurch zu einer besonders bunten Mischung an Menschen kommt, sind Begegnungen der unterhaltsamen Art schlicht und einfach nicht auszuschließen. Umgangssprachlich werden die öffentlichen Verkehrsmittel liebevoll *Öffis* genannt, wobei dem Wortgebrauch meist eine gewisse abwertende Note hinzugefügt wird. Dabei fallen Sätze wie "Oida, jetzt muss i di Öffis nehmen?", "die deppaten Öffis kummen ned!" oder "auf den geschissenen Proloschlauch[14] pfeiff i".

Unter den *Öffis* wird das gesamte Angebot der Wiener Linien zusammengefasst, wobei aus einem schwer nachvollziehbaren Grund die S-Bahnen nicht dieser Gattung zugeordnet werden können. Erfahrungsgemäß ganz einfach deshalb, weil ein waschechter Wiener unter keinen Umständen in eine solche einsteigen würde. Denn das "S" von "S-Bahn" steht für Provinz, auch wenn es nicht immer leicht ist, ein "S" zu einem "P" zu machen. Die Abneigung gegen die S-Bahn lässt sich nur dadurch erklären, dass deren Zuglinien bis nach Niederösterreich fahren, was von den Wienern gern als *Bratislava West* bezeichnet wird. Die Nutzer der S-Bahn, genauso wie die Bewohner von *Bratislava West*, werden oftmals, so wie der Rest Österreichs auch, als "Provinzler" oder "Bauern" bezeichnet. Allerdings hat letzteres nichts mit der gewerblich Tätigkeit zur Geldbeschaffung zu tun.

Die Wiener Linien, oder eben *Öffis*, zeichnen sich dadurch aus, dass es stets zu einem Kampf und Gerangel zwischen den Nutzern kommt. Ob es um einen Sitzplatz, Stehplatz oder einfach nur mehr Raum geht,

---

[14] Der Proletenschlauch: eine weitere sympathische Bezeichnung für die U-Bahn.

ist dabei nicht von sonderlicher Relevanz. Wichtig ist nur, dass der eine Insasse mehr hat, als die anderen.

Seit dem Essverbot sowie der *Manspreading-Kampagne* der Wiener Linien kam es zu einem sonderbaren Phänomen: Auf einmal waren sich die Nutzer der Gleisbahnen nicht mehr nur untereinander feindlich gesinnt, sondern galten nun Wut und Grant primär den Wiener Linien selbst. Die Wiener haben sich nie gern von *denen da oben* etwas vorschreiben lassen, sind allerdings erstaunlich hörig, wenn es um die Befolgung der neuen Regeln geht.

Sollten Sie sich nun die berechtigte Frage stellen, was um Himmels willen denn *Manspreading* sei, dann möchte ich hierbei auf die breitbeinige Pose verweisen, die oftmals von Männern aller Altersgruppen eingenommen wird, während sie im überfüllten Zugwagen ein Kebab essen. Das Ziel einer solchen Sitzpose ist, das Tropfen der Döner-Soße "mit extra scharf" auf ihre Hosen zu vermeiden.

ANEKDOTEN AUS DEN ÖFFENTLICHEN VERKEHRSMITTELN

Letztens in der U3. Eine ältere Dame mit Krückstock verpasst knapp die davonfahrende U-Bahn. Obligatorisch ertönt eine Frauenstimme aus dem Lautsprecher: "Zug fährt ab".
Daraufhin die ältere Dame: "Scho wieda du. Na woat nua, wenn I die amoi dawisch, du blede Sau!"

*

Letzten Frühling bei einer Fahrt in der Straßenbahn.
Plötzlich bremst der Fahrer ruckartig ab. Eine beleibte Frau mittleren Alters stürzt im Mittelgang zu Boden.
Keine Hilfe. Kurze Stille. Dann von hinten:
"Wie a Mehlsackl …"

*

Ich mit zwei Freundinnen auf Kulturfahrt. Alle drei zum ersten Mal allein in der großen, fremden Stadt. Laut Beschreibung der Vermieterin sollen wir am Südbahnhof den D-Wagen bis zum Parlament nehmen und dort in den Bus 48A einsteigen. Natürlich sind wir komplett planlos. Irgendwann haben wir die Straßenbahn endlich gefunden und den Fahrer schüchtern gefragt, ob er zum Parlament fährt. Der Fahrer beugt sich freundlich zu uns, zeigt auf den Fahrplan bei der Haltestelle und sagt in breitem Wienerisch: "Do schau ma uns das Zetterl mim Foahrplan au, dann wiss ma, wo's hingeht."

*

Wir, vier Jugendliche, steigen beim vordersten Eingang beim Fahrer in die Straßenbahn ein. Der Letzte von uns steigt vor einer daher hinkenden alten Dame mit zwei Krücken ein, noch ehe diese überhaupt die Tür erreicht hat. Doch plötzlich beginnt diese zu schimpfen. Mein Kollege steigt noch einmal aus und wartet, bis die Dame endlich eingestiegen ist und hilft ihr liebevoll zum nächsten Sitzplatz. Die Dame schnauzt "Du Rotzbua" und schlägt mit den Krücken nach ihm. Schon geht es im ganzen Waggon los. Von links "So a Frechheit!", eine Tirade geht über uns her, bis ein alter Mann schreit "Bei den Russen hätt's das ned geben!". Zu guter Letzt dreht sich der Fahrer um "Jetzt reicht's, schleichts eich ausse!".

Bis heute wissen wir nicht, was wir falsch gemacht haben.

*

Betriebsausfall in der U-Bahn. Die Fahrgäste stehen genervt am Bahnsteig. Plötzlich kommt ein Mitarbeiter der Wiener Linien vorbei.

Die genervte Dame wendet sich höflich an ihn:

"Wissen Sie, wann die Betriebsstörung vorbei ist?"

Mitarbeiter. "Boid. Wolln's die Lottozahlen a wissn?"

*

Hauptverkehrszeit an einem Donnerstag in der U3. Mir gegenüber sitzen ein junger Mann und eine ältere Dame. Leise, aber hochgiftig breitet sich plötzlich ein Kampfschas aus.

Da fragt seine Sitznachbarin: "Sagn's, haben's grad an Schas lassn?"

Da frontet er selbstbewusst:

"Na sicher! Oder glaubn's ich stink imma so?"

*

Letztens ein Gespräch in der Straßenbahn belauscht.
Ich wollte es nicht, aber Weghören war unmöglich.
Frage: "Sag, du woast eh wer gsturm is letztens?"
Antwort: "Is ma wuascht. Mia is a jeder recht."

*

Ein Kollege hat letztens beobachtet, wie ein Radfahrer nicht
aufgepasst und eine Straßenbahn zu spät gesehen hat. Beide mussten
abbremsen. Doch der Radfahrer kam ins Schlittern, flog vom Rad
und rutschte unter die Straßenbahn. Er konnte dann von Passanten
unverletzt wieder hervorgeholt werden. Der Straßenbahnfahrer öffnete
seine Tür und schrie dem Radfahrer von dort entgegen: "Heast du
Deppata, wann'st di umbringen wüst, dann hau di vor die U-Bahn!"

*

Eine mit Einkaufssäcken beladene Frau erwischt die Straßenbahn
knapp nicht. Sie tippt noch auf den Türöffner, doch die Tür geht
nicht mehr auf. Vor Wut tritt Sie hart gegen die Scheibe und schreit
die Straßenbahnfahrerin an:
"Na foah scho, du Oasch!"

*

Letztens in der U-Bahnstation Floridsdorf. Zwei Frauen gehen die
Rolltreppe vom oberen Stock herunter. Eine brav hinter der anderen.
Die Rolltreppe macht plötzlich einen unerwarteten Ruck.
Die vordere schnauzt die hinteren an:
"Hearst oida, fall net auf mich! Wenn scho, dann fall daneben."

*

Ein bulliger Hackler[15] steigt in eine ziemlich volle U1 ein.
Kurz nach der Abfahrt lässt er einen überlauten Furz. Nach einigen
Sekunden totenstiller Künstlerpause dreht er sich langsam um
und fragt lakonisch: "Is wea verletzt?"

*

Das Straßenbahnabteil stinkt vernehmlich, als eine zu stark
parfümierte Dame ins Abteil einsteigt. Als sie die Blicke bemerkt wird
sie hochnäsig: "Was schaun'sn so deppat? Des is a 4711!"
Nach einer Weile lässt ein Hackler lautstark einen Furz mit der
Bemerkung: "10,70 - a klanes Gulasch und a Bier".
Das ganze Abteil bricht in hartes Gelächter aus.

*

Der legendäre U-Bahnfahrer bei der Durchsage:
"Sehr geehrte Fahrgäste! Anders als beim Adventskalender dürfen bei
der U-Bahn alle Türen gleichzeitig geöffnet werden!"

*

Ende der 80er-Jahre in einer alten Wiener Straßenbahn. Ein eindeutig
erkennbarer Hardcore-Fußballfan steht im Beiwagen hinten beim
Fenster, schaut bei diesem raus und raucht gemütlich. Kontrolleur
in Zivil steigt ein und gibt sich nach kurzer Zeit zu erkennen:
"Fahrscheinkontrolle" und wendet sich auch dem Fußballfan zu.
Der schaut weiter beim Fenster raus, zieht an der Zigarette und meint
nur: "Seiche Leit wie dir sog i net amoi wie spät's is."

*

---

[15] Eine wienerische Bezeichnung für Schwerarbeiter.

Vor etlichen Jahren komme ich nach einer langen Chinareise an einem grauen, kalten und feuchten Novembertag mit dem Nachtzug am Bahnhof an. Ich steige in den fast leeren Bus und stell mich mit meinem Rucksack auf die "Plattform" bei der hinteren Tür. Eine alte Frau steigt weiter vorne ein und schimpft ansatzlos: "Gib den Rucksack owe, Deppata". Mir springt nach zwei Monaten fernöstlicher Lebenslust ansatzlos ein "Gusch!" von den Lippen. Ich war wieder zu Hause.

*

Aufgrund eines Problems mit der Stromversorgung musste die Straßenbahn mehrere Minuten Halt einlegen. Ein älterer Herr ging zum Fahrer vor und sagte in einer ruhigen und sarkastischen Tonlage: "Na? Habt's die Stromrechnung ned bezahlt?"

*

In der Früh zur Hauptverkehrszeit in der U-Bahn. Irgendwer blockiert immer wieder die Tür. Nach der dritten Durchsage bezüglich der Türfreigabe schnauzt der U-Bahnfahrer durch: "Schaut's, mia kann's wuascht sein. I bin eh schon in da Hockn."

*

Fahrkartenkontrolle. Ein Kontrolleur erwischt mich und wir steigen aus. Ich überlege, ihm einen falschen Namen zu geben. Da kommt eine Polizeistreife, und er hält sie an zwecks Personalienüberprüfung. Nach der Amtshandlung fährt der Kontrolleur weiter und ein Polizist schnauzt mich an: "Bua, warum bist denn ned davongrennt?" Ich: "I konn ja ned davonrenna, waun ihr daherkummts!"

*

Vor ein paar Jahren, nachts in der Straßenbahn. Ich bemerke, dass ein Mann, der rechts neben mir über den Gang sitzt, mich schon länger anstarrt (was ich gekonnt ignoriert habe), seinen Penis ausgepackt und sich in aller Seelenruhe einen herunterholt – mich dabei anstarrend. Also stehe ich auf, gehe nach vorne zur Fahrerin und – naive Landpflanze, die ich bin – schildere ihr das Vorkommnis (schließlich wurden schon Fahrgäste wegen nichtigeren Vergehen der Öffis verwiesen). Sie jedoch: "Jo, und? Soi i hintare gengan und eam dabei höfn?"

*

Ich sitze in der Straßenbahn. Sie kracht gegen ein Taxi.
Neben mir zwei andere Fahrgäste: "Is wer gsturm?"

*

Der Schaffner sitzt im ersten Wagen, neben der hinteren Tür.
Erst niest er laut.
Dann hustet er heftig.
Wieder ein lauter Nieser,
gefolgt von noch mehr Husten.
Ein freundlicher Fahrgast:
"Krepier leiser, du Oasch."

*

Ein junger Mann blockiert die U-Bahn Tür. Der Fahrer spricht durch:
"Sehr geehrter Fahrgast mit dem Rucksack und'n Foahrrad, wos hamma denn bei "Bitte nimma einsteigen!" ned verstanden? Oida!"

*

Stoßzeit im legendären öffentlichen Wiener Verkehr.
Eine Dame beschwert sich bei ihrem Sitznachbarn in der U-Bahn:
"Können Sie sich bitte nicht so breitmachen?"
Der Herr antwortet gelassen:
"Wieso, woin's beim Fenster ausse hupfn?"

*

Deutsche Touristinnen unterhalten sich in den Öffis lautstark
über die weitere Route. Für alle zwangsweise Zuhörenden ist klar,
dass die Reisenden in die falsche Richtung unterwegs sind. Plötzlich
wird der ganze Waggon zur Verschwörung, alle Anwesenden
bewahren Stillschweigen. Vielleicht huscht dem einen oder anderen
sonst grantigen Wiener sogar ein Lächeln über die Lippen, wenn sich
ihre wissenden Blicke begegnen.

*

In der U-Bahn-Station Schottenring. Bin gerade dabei, die U2 zu
verpassen. Gemeinsam mit ein paar anderen Passagieren laufe ich,
doch eine Frauenstimme sagt durch "Zug fährt ab" und die Türen
schließen sich vor unserer Nase. Neben mir eine ältere Dame,
wahrscheinlich schon Mitte 70, brüllt dem Zug hinterher:
"Beim Scheissn soi's der Blitz treffen, die Kua!"

"Am echten Wiener ist fürwahr nichts kantig,
Ja manchem dünkt sein Wesen schier zu weich.
Was andre grämt, macht ihn ein bißchen "grantig"
Und raschem Poltern folgt sein Lachen gleich.
Doch mag ihn auch ein leichter Wind schon biegen,
Der stärkste Sturm wird ihn nicht unterkriegen!"

Albrecht von Wickenburg

Schimpfen auf Wienerisch

"Da sagt ma, a Staplerfahra braucht a Zertifikat. Ja, oba zum Deppertsein. Ihr seids Hirnederln. Bevor i nu amoi Staplerfahra werd', werd' i liaba Pfleger in Steinhof, weu da waß i, dass i's mit Angschütte z'tuan hab"

Mundl

Nun sind wir bei einem Punkt angekommen, der eigentlich ein eigenes Buch verdient: das legendäre Schimpfen auf Wienerisch. Das grantige und dauernde Schimpfen kann durchaus als typisch für Wien gesehen werden und macht einen wesentlichen Bestandteil des vermeintlichen *Wiener Charmes* aus. Um den Rahmen dieses Buches nicht zu sprengen, setzen wir den Fokus nicht auf die Diffamierung selbst, sondern vielmehr auf die Bedeutung des Schimpfens. Es gilt zu klären, ob damit ein Affront, ein emotionaler Zustand oder einfach nur das Aufregen gemeint ist. Also wann schimpfen die Wiener und warum? Will er beim Schimpfen tatsächlich jemanden

beleidigen oder einfach nur seiner Frustration einen verbalen Ausdruck verleihen?

Um Sie an das *Wiener Schimpfen* heranzuführen, bedarf es eines kleinen Exkurses zu Universalwörtern, die gerne zur Verzierung von Sätzen verwendet werden. Zu den Beliebtesten gehören definitiv *heast* und *oida*. Wortwörtlich bedeuten sie in etwa "hörst du" und "alter", doch geht ihre Bedeutung weit darüber hinaus und kann von Verunglimpfung bis zum Kompliment alles bedeuten: Beispielsweise kann man eine Dame mit einem charmanten *oida* komplementieren, während man seinen Zeh am Bordstein anhaut und ein schmerzerfülltes *heast* ausstößt.

Diese beiden allumfassenden Wörter können jede beliebige Bedeutung innehaben und nach freiem Ermessen in Sätze einfließen, ganz ohne dem Satzbau dabei zu schaden. Beispiele dafür sind "Heast, Oida!", "Oida, jetzt muss ich … machen, heast", "Heast, kannst du … machen, oida" oder "Heast, du oide Sau". Sie sehen, der Fantasie sind keine Grenzen gesetzt.

Natürlich könnten wir hier Seite über Seite nur von Beleidigungen und Ähnlichem sprechen, allerdings möchte ich den Fokus auf die veröffentlichte Studie[16] einer Dozentin der Sprachwissenschaften der Universität Wien legen, die sich angeblich ganze zehn Jahre lang mit dem Schimpfen der Wiener auseinandergesetzt hat. Das Untersuchungsergebnis: *"ein Viertel des Schimpfens fällt in die Kategorie "Scherz", 64 Prozent werden zum Abreagieren benutzt und nur elf Prozent der Schimpfwörter werden tatsächlich gesagt, um jemanden zu beleidigen."* Es ist also leicht ersichtlich, dass wienerisches Schimpfen mehr ein Fluchen, als ein tatsächliches Beleidigen ist. So viel also zur legendären Unfreundlichkeit.

---

[16] *Verbale Aggression: Formen und Funktionen am Beispiel des Wienerischen* von Doz. Dr. Oksana Havryliv, Sprachwissenschaft im Institut für Germanistik.

Da Sie bestimmt mit ein paar weiteren bekannten Schimpfereien gerechnet haben, finden Sie hier einige Ausdrücke zum Probelesen: "Bruntzgsicht", "Fetznschedl!" , "Du Beidl", "Oida, schleich di!" , "Es Gfrasta!" , "Jetzt is ois im Oasch", "Du deppata Sau!" , "Schiache Funsn!" , "Gusch du Hinicha", "A Gfüüda", "Hoit die Goschn!" , "Heast, du Wappler", "Gfrastasackl", "Da krieg i an Hois", "Wüst a Fotzn?" , "Drah di, Deppata!" , "Heast, schleich di!" , "Bist deppat?" oder "Dea Voidillo hot bei mia ausgschissn!". Wer mehr erfahren möchte, dem würde ich ein paar Folgen *Kaisermühlen Blues* und *Ein echter Wiener geht nicht unter* nahelegen[17].

---

[17] Laut einer Studie vom Meinungsforschungsinstitut Marketagent sind die beliebtesten Wiener Schimpfwörter Deppata, Wappler und Gschissener. Nicht sehr überraschend, sofern man Wien ein wenig kennt.

NUN WIEDER ZURÜCK
ZU DEN ANEKDOTEN

Meine Frau steht mit drei Kleinkindern, eines noch im Kinderwagen, bei der Straßenbahn und bittet den Fahrer beim Einsteigen um Hilfe. Reaktion: "Wann's net Bim-Foahrn kenna, dann züchten's net an Zoo!" Türen schließen. Die Abfahrt erfolgte ohne meine Frau und Kinder.

*

Vor etlichen Jahren bei der U-Bahn-Unterführung in der Neubaugasse. Die üblichen und noch jungen Punks schnorren die Vorübereilenden um Geld an. Ein Punk wendet sich zu einer jungen Frau: "Homms a poa Cent fia mi?" Frau: "Nein, hab kein Geld. Ich habe drei Kinder." Punk: "Liab. Brave oder solchane wie mia?"

*

Fürs Studium ist meine Schwester in die Hauptstadt gezogen. Beim ersten gemeinsamen Aufenthalt steigen wir zusammen in die U-Bahn ein. Als Neuling geht sie ernsthaft zu einem 4er-Platz hin und fragt die dort sitzenden Personen, ob da ein Platz noch frei wäre. Entsetzte Blicke, anschließendes Schweigen. Ich schäme mich in Grund und Boden. Eine Wiener Oma am anderen 4er-Platz bekommt das alles mit und sagt ganz trocken zu ihr:
"Willkommen in Wien".
Ich brülle vor Lachen.

*

Ein dicker Wiener steht an der Straßenbahntür. Eine schmächtige
ältere Dame brummt ihn vorwurfsvoll von hinten an:
"Steigen Sie eh aus?"
Der dicke Wiener erwidert bitterlich:
"Jo, oba east, wonn de Tia auffe geht."

*

Schon ein paar Jahre her. Ungefähr um die Zeit, als es noch Punks
mit Irokesen gab. Ein junger Punk weigert sich in der U-Bahn,
einem älteren Herrn den Sitzplatz freizumachen. Plötzlich wurde der
Mann etwas boshaft und schnauzt den Punker an:
"Steh gefälligst auf, du Rotzbua. Wenn i vor 25 Johr am Truthahn
gschnackselt hätt, könntest Papa zu mir sogn."
Die ganze Bahn brach in schrilles Gelächter aus.

*

Im Bus. Ein Mann steigt ein und zeigt selbstständig
dem Fahrer sein Ticket.
Der Fahrer: „Wissen's wos?
Eana Jahreskoatn interessiert mi wirkli ned"

*

Ich hatte es eilig und hörte gerade die U-Bahn ankommen.
Beim Runterlaufen bat ich einen Mann, der links auf der Rolltreppe
stand, freundlich mich vorbeizulassen. Er dreht sich um und
schnauzt: "Deppata, wann'st an Stress hast, donn nimm de Stiagn"

*

Ein Reiseleiter macht sich während einer Stadtrundfahrt über den Busfahrer lustig, da dieser bei Grün nicht sofort losfuhr. Beim nächsten halt steht der Busfahrer auf, nimmt den Reiseleiter grob am Ohr, zieht ihn aus dem Bus und sagt: "Deppat bin i söwa!"
Auf Intervention darf der Reiseleiter weiter mitfahren und sagt: "Warum gebt's eam denn a an rohs Fleisch zum Fruastuck?"
Der Busfahrer lacht: "Kennst an guatn Wiaschtlstond?".
Reiseleiter: "I bin da Koarl!"
Die zwei treffen sich heute noch!

*

Letztens bei der Straßenbahnstation. Ich schaffe es mit ach und Krach meinen übergroßen Kinderwagen (Doppelsitz) in die Bahn zu schleppen. Plötzlich ertönt eine Durchsage des Straßenbahnfahrers aus dem Lautsprecher: "Heast Hinicha mit dem Wogn, wos zahst des Ding hinten ane, wann I da furn die Tiar aufmoch?"

*

U4. Ein älterer Mann um die 70 geht den gesamten Insassen auf die Nerven, da er absolut alles lautstark kommentieren muss.
Erst über einen Nägel-beißenden Teenager, "San Sie kronk?
Sie hom jo wos, des is jo net normal!"
Irgendwann fängt ein Mann, um die 40 Jahre alt, zu niesen an und kann nicht aufhören. Den alten Raunzer stört es natürlich:
"Heast jetzt is amoi a Ruah do!"
Woraufhin der Nieser (der, wie gesagt, etwa 30 Jahre jünger war als der Andere):
"Immer mit der Ruhe, junger Mann! Woan Sie noch nie vakühlt, oda wos?"

*

Ca. im Jahr 2005 im 16. Bezirk. Mein Taxifahrer blockiert links abbiegend die Straßenbahn. Der Taxler ist sichtlich exakt das Exemplar, das man sich wünscht, wenn man ordentliches Wienerisch hören möchte. Bestens erkennbar an der Goldkette, halb offenem Hawaiihemd, Sonnenbrille und Schnauzer. Der Straßenbahnfahrer schimpft und läutet mit seiner Klingel. Mein Taxler lässt das Fenster runter, grinst und meint: "Gusch Deptata! Waun's da dee Schienen wegnemma tetan, findst du Luach ned amoi meha in di Remis ham." Dann ist er weitergefahren.

*

Eine Frau im Bus möchte bei der nächsten Haltestelle aussteigen, aber drückt den Knopf zum Halten nicht. Der Bus bleibt nicht stehen, sie war die Einzige mit dem Haltewunsch. Draußen bei der Haltestelle war auch kein wartender Mensch. Sie regt sich darüber auf, warum der Bus nicht stehen geblieben ist.
Fahrer: "Des is wie beim Scheissn, do miasn's a druckn".

*

Eine betrunkene Obdachlose sitzt mir in der U-Bahn gegenüber. In der Hand hält sie einen riesigen Sack mit Flaschen, der langsam aber sicher zu reißen beginnt. Plötzlich liegen alle Flaschen am Boden. Sie steht auf und drückt den Notknopf, um mit einer Person durch die Gegensprechanlage zu reden.
Sie lallt: "I brauchat a naichs Plastiksackerl."
Antwort: "Geh scheißen! Sauf neht so vü in da Fruah."
Besonders beeindruckend, dass die anderen Fahrgäste so taten, als wäre alles ganz normal.

*

U-Bahn im Frühverkehr. Waggon vorne komplett überfüllt.
Durchsage 1. "Bitte benutzen Sie auch die hinteren Türen."
Durchsage 2. im schärferen Ton: "Dea Zug hod a hinten a Tiadl!"
Durchsage 3. nach ca. 2 Minuten, voll angepisst:
"Es Trotteln, wenn's hinten ned einsteign woits, donn worts aufn
nächsten! Wir miasn weiter foarn!"

*

Bin total in Eile und laufe auf eine ankommende Straßenbahn zu.
Freue mich total, die Straßenbahn doch noch erwischt zu haben.
Allerdings ist der Fahrer schneller und macht mir buchstäblich vor der
Nase die Tür zu. Ich renne los, die Bahn muss an einer Ampel warten,
ich überhole sie und stehe triumphierend an der nächsten Haltestelle,
als die Straßenbahn kommt. Neben mir warten weitere Fahrgäste,
aber der Fahrer gibt sich nicht geschlagen und fährt einfach weiter,
ohne stehenzubleiben.

*

In der U-Bahn vom Westbahnhof Richtung Stadtzentrum.
Ein Mann zückt sein Handy aus der Tasche und wählt eine Nummer:
"Servas Gschissener, i bin wieda do."

*

Endstation 41er: Ich komme, während ein Busfahrer dem anderen
erzählt, wie er jemandem eine manuelle transrektale Tonsillektomie
angedroht hat, an: "Do hob i eam gsogt: "Hearst, i foa da glei mi da
Faust in Oasch und oparia da de Mondln aussa."

*

Ich steige aus der Straßenbahn aus und sehe, wie ein muskulöser Mann auf eine sich in Bewegung setzende Bim hinrennt. Die Bim nimmt unbeeindruckt Fahrt auf, und er brüllt herzhaft hinterher:
"Oaschlooooch!"

*

Sitze im 37er (Straßenbahn) mit ein paar älteren Herrschaften. Diese drängen bereits zum Aussteigen und sind unangenehm laut. Die nächste Station ist die Lazarettgasse im 9. Bezirk.
Der Schaffner macht einen Blick in den Rückspiegel und brüllt:
"Lazarettgasse, Gerichtsmedizin. Probeliegen!"

*

Ich war mit der Straßenbahn zu einer Geburtstagsfeier in einem Lokal am Ring unterwegs. Bei der Ankunft steige ich aus und warte an der Kreuzung. Natürlich sind mehrere Menschen um uns herum. Ich höre eine ältere, ziemlich stark geschminkte, deutsche Dame einen Mann fragen, wo es zum naturhistorischen Museum geht. Er dreht sich zu ihr um, mustert sie von oben bis unten und meint ganz trocken:
"Warum? Wüst di scho ausstopfn lassen?"

*

Unterwegs mit der 43er, voll besetzt, der Fahrer ziemlich rasant unterwegs. Bei der nächsten Station steigt ein Mann aus und raunzt lautstark über den rabiaten Fahrstil.
Der Fahrer entgegnet dem ziemlich trocken:
"Heast, wann'st gmiatlich foahn wüst, daunn nimm an Fiaker."

*

U-Bahn, zwei junge Männer amüsieren sich über die
Essverbot-Sticker auf der Tür.
Der Eine: "Schau! Burger, Pizza und… und a Schochtl voi Zwüfi
deafst do a ned essen."
Der Andere: "Haha, wer isst bitte a Schochtl Zwüfi im Schlauch?"
Es erhallte eine Damenstimme von hinten: "Sicher die Veganer!"

*

Letztens war ich mit ein paar Studienkollegen aus Vorarlberg in der
Straßenbahn. Wir unterhalten uns laut, sie im Vorarlberger Dialekt.
Nach kurzer Zeit kommt vom hinteren Teil der Straßenbahn etwas
laut hervorgerufen:
"Lernts endlich Deitsch, es Trottln."

*

Schönbrunn. Stockbesoffener Typ torkelt aus der Straßenbahn,
stolpert und bleibt am Boden liegen. Ein älterer Herr geht hin
und fragt: "Gehts eahna gut?"
Der Besoffene: "Schleich di."
Älterer Herr: "Und du geh scheißen, du Oaschloch!"

*

Letztens in der U-Bahn-Station am Schottenring. Ein älterer Mann
betritt die Rolltreppe und möchte auf der linken Seite zu Fuß die
Stiegen steigen. Allerdings blockieren ihm zwei junge Mädchen den
Weg. Daraufhin grantelt er sie Weltklasse an: "Heast, Sie san ned bei
Ans, Zwa oder Drei. Sie stehn foisch! Mochn's den Weg frei!"

*

Eine Bekannte von mir wollte im Bus einen Fahrschein beim Fahrer kaufen. Da keine Antwort kam, fragte sie erneut. Nach dem dritten Anlauf erwiderte der Busfahrer:
"Wann'st mit mia redn wüst, brauchst scho a Bewilligung."

*

Letztens im Bus. Weiß nicht mehr wohin. Man hört einen Streit zwischen einem jungen und einem alten Mann. Der Junge beendet das Gespräch mit: "Geh, setz die in 71er und foah am Zentralfriedhof a bissl Probeliegen, Deppata."

*

Vor ein paar Jahren in der Straßenbahn. Eine ältere Dame betritt die Bim. Ein junges Mädchen steht für sie auf und bietet ihren Sitzplatz an.
Alte Frau: "Des will i aba meinen!"

*

Zug fährt ab. Piep. Es passiert nichts. Durchsage in der U-Bahn, als eine Tür blockiert wurde. "An den netten Herrn in da roten Jocke. Dea Zug braucht kane Tüadlsteha. Des schoff ma allanich ah."
Anschließend brach schallendes Gelächter aus.

Die Wiener sind ein eloquentes Volk.
Es gelingt ihnen wie kaum einem anderen,
auch schwierige Sachverhalte stets präzise
und prägnant auf den Punkt zu bringen:

A: „Und?"
B: „Gschissn!"

Der Verkehrsraum

"Die Straßen Wiens sind mit Kultur gepflastert, die Straßen anderer Städte mit Asphalt."

Karl Kraus

Karl Kraus mag mit seinem legendären Zitat schon recht haben, allerdings ist hier Rede von ganz anderen Straßen – den Befahrenen. Prinzipiell lässt sich der Wiener Verkehrsraum von dem *anderer Städte* kaum unterscheiden. Auffällig ist, dass meist ein kleiner Krieg auf den Kultur-gepflasterten Straßen der Donaumetropole herrscht. Dabei sind *die anderen* generell die *Deppen*[18] und die Radfahrer spezielle *Trotteln*[19].

Prinzipiell lässt sich die Gruppierung in Autofahrer, Fahrradfahrer und Fußgänger unterteilen, wobei eine Zugehörigkeit zu diesen nicht

---

[18] Mensch mit geringerer Intelligenz oder Vernunft als die Allgemeinheit.

[19] Eine dumme oder ungeschickte Person mit eingeschränkter Intelligenz*
 * Ein *Depp* und ein *Trottel* mögen das Gleiche sein, aber nicht dasselbe.

gänzlich auf freiwilliger Basis beruht. Sollten Sie die Kritik anmerken, dass hierbei nicht einmal der legendäre *Fiaker*[20] erwähnt wurde, dann muss ich Sie enttäuschen. Letztlich ist es nur ein Klischee, dass der Wiener, bei einem Rendezvous mit Prinzessin Sissi, mit dem Fiaker zum Schloss Schönbrunn fährt, um Walzer zu tanzen, dabei Mozart hört und mit seiner Begleitung ein Schnitzel verzehrt.

Wer nun glaubt, mit den erwähnten Kategorien an Straßenverkehrs-teilnehmern seien zusammenhaltende Teams geschaffen, der befindet sich auf dem Holzweg. Auch untereinander kommt es häufig zu Rei-bereien, die sich meist in verbalen Äußerungen erkennbar machen. Die Straßen Wiens sind dementsprechend nichts für Personen, die all-zu schnell beleidigt sind und sorgen besonders unter Touristen und *Zuagroasten*[21] für Erstaunen. Dabei wird der Straßenverkehr auffällig stark von Menschen jenseits der 50 genutzt, was aber nicht heißen soll, dass nicht vereinzelt auch Menschen anderer Altersklassen anzutreffen sind. Allerdings ist die rosinenpickende Jugend der Generation Y und Z nur selten auf der Fahrbahn zu sehen, da diese primär mit leerem Blick auf ihr Smartphone starren und das neueste Katzenvideo mit ihren Freunden in den sozialen Medien teilen – eine Tätigkeit, die be-kanntlich am Steuer verboten ist und nur unter gewissen Umständen toleriert wird. Zum Beispiel, um die eignen Kinder oder Ehepartner per Video-Call anzubrüllen, während der *Voidillo da fuan* zu langsam fährt. Also 50 km/h in der 30er-Zone.

Als Unerfahrener ist von einer Teilnahme zur Hauptverkehrszeit dringlichst abzuraten und es ist empfehlenswert, sich auf das Fahren an Sonntagen zu beschränken. Für erfahrenere Wagenlenker wiederum ist es wichtig, erst so spät wie möglich vor dem Abbiegen den Blinker

---

[20] Als Fiaker wird sowohl eine zweispännige Lohnkutsche bezeichnet als auch deren Kut-scher.

[21] Unter *Zuagroaste* sind Leute zu verstehen, die ursprünglich nicht aus der Hauptstadt kommen aber nach Wien gezogen sind.

zu setzten, um die Spannung für den nachfolgenden Fahrer maximal zu erhöhen.

Ein weiterer Punkt, der sich deutlich vom Verkehr anderer Städte unterscheidet, ist die Art und Weise, in der sich Wiener über den Zustand auf der Straße aufregen. Selten kommt es zu lautem Geschrei, vielmehr wird auf präzise Wortattacken zurückgegriffen, die häufig in einem sachten Ton, ergänzt durch *Wiener Schmäh*, in den Ohren des Beleidigten erklingen. Allerdings haben wir bereits gelernt, dass 64 % der Schimpferei zum Abreagieren verwendet werden. Dabei wild zu fluchen und seelenlose Gegenstände wie Autos zu beschimpfen, sollte man dem Wiener nicht allzu übelnehmen.

ANEKDOTEN
AUS DEM VERKEHRSRAUM

Ein Auto (burgenländisches Kennzeichen) steht wartend an der
grünen Ampel. Offensichtlich ist der Motor abgestorben.
Ein Mann aus dem dahinterstehenden Wagen steigt aus, klopft an
die Scheibe und fragt rhetorisch:
"Heast Gscherter, is ka Foab für di dabei?"

*

Später Abend beim Straßengetümmel. Ein kleiner Lkw-Fahrer bremst
ruckartig kurz vor einer ungeregelten Kreuzung ab, da ein Fußgänger
in relativ kurzem Abstand zum LKW den Zebrastreifen (ohne zu
schauen) betritt. Der Fahrer kurbelt das Fenster herunter und schreit:
"Gschissana, glaubst du host an Brustponza au?"

*

Mal wieder die Wiener im Ausland – Ungarn. Ich bin zu Fuß
unterwegs und plötzlich hält ein Mercedes mit Wiener Kennzeichen
vor mir an. Die beiden Herren im Auto geben ihr bestes,
auf Englisch (dennoch in einem sehr derben Wienerisch) nach dem
Weg Richtung Zentrum zu fragen. Ich antworte in Deutsch:
"Tut mir leid, ich kenne mich hier nicht aus, ich bin aus Salzburg".
Mich ignorierend sprach der eine Wiener zum anderen:
"Heast Oida, des is a Wohnsinn. Die Gscherdn san a scho da"
– und fuhr grußlos weiter.

*

Wollte beim Wiener Gürtel noch schnell bei Gelb die Kreuzung überqueren. Keine 100 Meter nach meiner Tat stoppt mich ein Polizist und kommt mit wissendem Blick zu meinem Autofenster: "Heast Gscherta, des do oben is net für de Flugzeig do. Des is a Ver-kehrs-ampel! Waun's do Grean ouzagt, donn derfst foahn. Bei Göb oda goar Rot, steigst auffe auf die Bremsn und stehnbleibst! Des lernst jetzt auswendig und daunn schleichst di wida."

*

Der Großvater meines Freundes führt uns mit dem Auto zurück nach Wien (familiärer Wochenendtrip bei seinen Großeltern im Burgenland). Der ältere Herr ist sichtlich vom Wiener Stadtverkehr massiv überfordert und wundert sich, warum er mit 50 km/h am Gürtel von allen Seiten überholt wird. Sichtlich irritiert bleibt er schließlich bei einem Polizisten stehen, kurbelt das Fenster runter und erkundigt sich:
"Entschuldigen Sie bitte, ist hier nicht maximal 50 erlaubt?"
Der Polizist schaut etwas verdutzt, geht nach vorn, schaut auf das Nummernschild, kommt zurück und sagt:
"Na für Sie scho!"

*

Schon länger her. Kurz nach dem Fall des Vorhangs. Ein ungarisches Auto hat eine Tiefkühltruhe, die größer als das Auto selbst war, am Dach montiert. Allerdings nicht sonderlich stabil. Das Dach vom Lada bricht vom hohen Gewicht des Transportierten ein.
Die Autos dahinter kommen zum Stehen. Ein Kommentar vom hinteren Busfahrer:
"Foat's jetza auf da Gfriertrur ham, oder wos?"

*

Schon einige Jahre zurück. Ein Tiroler Freund kam in Wien verspätet zu einer Einladung und erzählte uns schockiert, was ihm passiert war. Er war mit seinem Auto mit Tiroler Kennzeichen bei Gelb über eine Kreuzung gebrettert. Hinter der Kreuzung stand aber ein Polizist und hielt ihn auf: „Hean's, kennan's dem Buagamasta von eanam Dorf net sogn, dass eich a Aumple aufhengan? Damit's übn kennts, bevua's noch Wean foats?"

*

Letzte Woche bin ich bei einem geschäftlichen Termin das erste Mal in Wien Taxi gefahren. Mein Taxler bremst ein bisschen zu spät und die Motorhaube ragt ein klein wenig auf den Zebrastreifen. Ein älterer Herr schaut beim Passieren den Taxler mit böser Miene vorwurfsvoll an. Unbeirrt lässt der Fahrer das Fenster runter und feuert ein trocken formuliertes "Is wos, du Wimmal?" – in Richtung Senior ab. Genau so muss eine erste Taxifahrt sein!

*

Die Ehefrau eines Freundes wurde letztens am Gürtel bei der Mariahilfer Straße von einem Typen im schwarzen BMW mit deutschem Kennzeichen angehupt. Anscheinend, da sie den Zebrastreifen zu langsam benutzte. Sie hat dem Gemecker ansatzlos mit einem hart wienerisch akzentuierten "Geh scheißen!" entgegnet. Ihrer Aussage nach hat der sie angestarrt, als ob sie vom Mond komme.

*

Als junger Oberösterreicher komme ich Anfang der 80er-Jahre erstmals mit Auto nach Wien. Etwas unsicher reihe ich mich vor der Ampel in den Verkehr ein. Nebenan kurbelt ein Wiener Prolet sein Autofenster herunter und grunzt mich kaum verständlich an: "Hearst, was wüst du denn mit dana Erdäpfel-Nummern in Wean?"

*

Erst letztens passiert. Drei Mädels (wahrscheinlich Touristinnen) fahren mit dem E-Scooter an zwei wachsamen Polizisten vorbei. Da etwas schiefläuft, ruft der eine Polizist in freundlichem Ton hinterher: "He, ihr foats gegen die Einboan! Des san glei amoi drei Ozeigen!" - keine Reaktion. Dann zu seinem Kollegen: "Die diaftn mi net veastengan, oba nochrenna dua I eana ah ned!"

*

Ein Tourist steht planlos an der Kreuzung und kennt sich offensichtlich nicht aus. Ein älterer Busfahrer wird dadurch blockiert. Wütend lehnt er sich aus dem Fenster und brüllt: "Wos is du Floschngeist, woat'st bis I da an blos?" Die Kinder im Bus waren genauso begeistert wie ich!

*

Letzten Sommer. Ich fahre mit meinem Fahrrad bei Grün am Fahrradweg über eine Kreuzung. Ein Auto biegt viel zu schnell ab und fährt mich fast zusammen. Es kommt zur Vollbremsung. Es öffnet sich das Fenster und der Herr schreit raus: "Kauf da a Auto, du Trottl!"

*

Mein Kollege der Klasse echter Wiener und ich sitzen im Taxi und warten an der Kreuzung. Der Fahrer telefoniert und checkt nicht, dass es grün wird. Plötzlich andressiert mein derber Kollege den bereits vom Gehupe sichtlich überforderten Taxler:
"Heast, wüst woatn, bis da Spinat ausse rinnt?"

*

Letzten Sommer im 3. Bezirk bei einer Kreuzung. Eine alte Frau geht über den Gehsteig und möchte zum Zebrastreifen. Dazwischen liegt ein kleiner, enger Radweg. Plötzlich rast ein Radfahrer schnell vor ihr vorbei. Ganz empört schreit sie ihm hinterher:
"Des is a Schutzweg, Sie Armleuchter!"
Er schreit sie im Vorbeifahren an: "Und des a Radweg,
du deppate Sau!"

*

Damals, vor langer, langer Zeit, als es an Autos noch Winker statt Blinker und auf der Kreuzung noch Polizisten statt Ampeln gab. Ich, gebürtiger Salzburger, nähere mich der Kreuzung, Winker links, dann rechts, dann wieder links. Plötzlich schreit ein Polizist:
„Wüh'st flieagn, oda wos?"

*

Währinger Straße im Jahr 2015. Eine junge Frau parkt mit ihrem Auto umständlich ein und blockiert dabei versehentlich die vorbeiwollende Straßenbahn. Der Fahrer der Straßenbahn schimpft über den Lautsprecher:
"Wann'st so weida fohrst, brauchst boid a neiches Auto."

*

Ich fahre mit dem Auto in eine Einbahnstraße, vor mir sind Lieferarbeiten im Gange. Es ist mit längerer Wartezeit zu rechnen und es bildet sich allmählich eine Kolonne von etwa 4–5 Fahrzeugen. Irgendjemand hinter mir beginnt hysterisch zu hupen. Der Arbeiter dachte, ich hätte gehupt und kommt zu mir ans Fenster: "Heast, bist schasaugad? Siachst eh, dass nix weida geht. Wos hupst denn?" Ich: "Fäu mi net au, du Weh. I hob eh net ghupt."

*

Anfang der 80er-Jahre. Ich stehe bei der U6 Kreuzung. Schnee, Glatteis, rutschig. Ein Auto fährt am Gürtel vor, kommt ins Schleudern und bleibt (mit viel Glück) kurz vor der Ampel stehen – allerdings umgedreht und verkehrt. Die Kolonne der nächsten Autos folgt kurz danach. Der Erste bleibt stehen, kurbelt das Fenster hinunter, schreit zum sichtlich noch immer geschockten anderen Autofahrer:
"Heast Trottel, des is a Einbahn! Du stehst verkehrt."

*

Meinem Ehemann ist bei grüner Ampel der Motor abgestorben und er konnte deshalb nicht losfahren. Hinten beginnt der nächste Fahrer mit dem Hupkonzert. Mein Mann steigt aus und schreit aus 5 Meter Entfernung: "I kaun a für Sie weidahupm, während Sie versuchn mei Auto zum startn!"
Plötzlich hatte es aufgehört zu hupen.

*

Ich fahre beim Schottentor am Radweg und will zur Ampel vorfahren. Ein Rudel Fußgänger, welches ich übersehen hatte, quert spontan den Radweg über den kleinen Zebrastreifen. Ich, noch fahrend, bin plötzlich von Fußgängern umgeben. Mein Fehler! Doch irgendein Typ bleibt vor mir stehen und sagt "Bleibst du bitte stehn, du Oaschloch?", und geht weiter. Immerhin hat er mich gebeten.

*

Letztens auf der Mariahilfer Straße. Mein Freund und ich waren in Eile rechtzeitig ins Kino zu kommen. Also beginnt er gestresst zu hupen, als ein Müllfahrzeug die Gasse blockierte. Der Müllmann fand das nicht lustig und geht zu ihm hin und meint:
"Waunn'st mithüfst, geht's schnölla, Depatta."

Der "echte Wiener" aka Strizzi

"Was ein rechter Wiener ist, der rührt keinen Finger. Der geht lieber mit offener Hose spazieren. Vielleicht fliegt ihm eine gebratene Taube hinein."

Walter Hasenclever

Das Wort *Strizzi* leitet sich vom tschechischen Wort *Strýc* ab, was in etwa so viel wie Onkel bedeutet, und hatte in der Vergangenheit eine Vielzahl von Bedeutungen. Im Wienerischen wurde ursprünglich unter *Strizzi* ein Zuhälter verstanden, doch bezeichnete der Ausdruck im weitesten Sinne etwa einen Strolch, Lausbub oder Spitzbuben, wobei damit auch Kleinganoven gemeint sein können. In Südtirol hingegen wird pejorativ der Wiener, bis hin zum allgemeinen Österreicher, gerne als Strizzi bezeichnet, wobei dies impliziet abwertend gemeint ist.

Auch wenn ursprünglich darunter Zuhälter mit Namen wie *der schöne Ederl, Cadillac-Freddy sowie Notwehr-Krista und der G'schwinde* verstanden wurden, ist die Bezeichnung *Strizzi* in ihrer aktuellen Nutzform beinahe etwas Liebenswürdiges. Beispielsweise aufgeweckte und freche Kinder, meist männlichen Geschlechts, die zuneigungsvoll als "kleine Strizzis" bezeichnet werden. Doch vorrangig werden junge, fesche Wiener mit reichlich Charme und Schmäh als Strizzis verstanden, gekennzeichnet durch Lederjacke und zu weit geöffnetes Hemd – die etwas vermeintlich unvernünftiges im Sinn haben und dabei kokett lächeln. Sozusagen ein Schelm, der durch seine scherzhafte Art das unmöglich Scheinende zu vollbringen vorgibt und daraus seinen Vorteil zieht. Selbstverständlich mit viel *Wiener Schmäh*.

Aufgrund seiner selbstbestimmten, leichtfertigen und durchtriebenen Art darf der Strizzi durchaus romantisiert werden und hat in seiner Existenz, meist bereits in jungen Jahren, das ein oder andere Mädchenherz gebrochen. Leider ist der moderne Strizzi, so wie bereits sein Vorgänger aus der Unterwelt, vom Aussterben bedroht und wird demnächst seinen Namen auf der Roten Liste bedrohter Arten wiederfinden.

Die Strizzis leben meist im Verborgenen und sind primär in Freizeitgebieten anzutreffen, da sie, sofern es ihnen irgendwie möglich ist, die ehrliche Arbeit bei Tageslicht scheuen und dabei vehement zur Arbeitslosenquote der Stadt beitragen. Sollte man auch tagsüber nach einem Strizzi suchen, dann eignen sich dafür am besten die Sommermonate.

Meistens ist er leicht bekleidet in angebrachter Hängematte auf der Donauinsel anzutreffen, während er sich nach überwiegendem Biergenuss den Bauch bräunen lässt und sich dabei als "waschechter Donau-

---

[22] Menschen der Kategorie echte Wiener, die einen überwiegenden Anteil ihrer Freizeit auf der künstlichen Insel zwischen der Donau und der Neuen Donau im Stadtgebiet von Wien und Klosterneuburg verbringen.

insulaner"[22] bezeichnet. Wie Sie bestimmt selber erkannt haben, finden Sie eine Vielzahl von sogenannten *Strizzis* in diesem Buch wieder.

10. *KURIOSE* FAKTEN ÜBER WIEN

1. Angeblich entwendete der legendäre Casanova aus der Kommode einer Wiener Nonne den gesamten Kondomvorrat, um sich gut geschützt seiner Leidenschaft hinzugeben. Für seinen kleinen *faux pas* hinterließ er ein kurzes Gedicht mit persönlicher Anekdote. Der Inhalt davon ist leider unbekannt.

2. Das Betätigungsfeld der *Dirnen* am Wiener Graben wurde mit amtlich gezogenen Kreidestrichen begrenzt. Daher kommt die gewärtige Bezeichnung "auf den Strich gehen".

3. Seit der Eröffnung der Universität Wien um 1365 florierte die Prostitution. In den Pausen gaben sich die Studenten allzu gerne den fleischlichen Genüssen hin. Zur selben Zeit verbreiteten sich Geschlechtskrankheiten im rasanten Tempo. Ob dies ein Zufall sei, wurde bereits damals bezweifelt.

4. Die katholische Kaiserin Maria Theresia war für ihre Wut auf Ehebrecher bekannt. Dementsprechend war sie auch Prostituierten gegenüber nicht gerade wohlgesonnen. Kam es vor, dass ein Freier mit Syphilis angesteckt wurde, schnitt man der Dame das Haar ab, teerte ihren Schädel und peitschte sie vor der Kirche aus.

5. Erst seit 2006 ist Stalking in Österreich strafbar. Laut einer Statistik sind 90 % der vom Stalking Betroffenen weiblich und 85 % der Täter männlich.

6. Schon zur Römerzeit ließen sich viele Ehefrauen in Vindobona offiziell als Dirne registrieren. Dies besonders deshalb, da sie so im Falle des Ehebruchs mit der Begründung *doch nur auf der Arbeit gewesen zu sein* den recht strengen Strafen entgehen konnten.

7. Weibliche Betreiberinnen eines Bordells wurden im alten Wien "Frauenwirtinnen" oder "Frauenmeisterinnen" genannt.

8. Hinter "Porzellanfuhr" verbarg sich im 18. Jahrhundert eine amouröse Fiakerfahrt: In mit Vorhängen geschützten Kutschen gingen Dirnen ihrem Geschäft nach. Freier konnten einfach zu- und aussteigen.

9. Im Wien des 13. Jahrhunderts kam es zum Lepraausbruch. Von der Kirche wurde die Krankheit als *Strafe Gottes* für die sexuell Unersättlichen betrachtet. Noch unsinniger erscheint nur die erdachte Heilsalbe für Lepra: Eine solche besteht nämlich aus der Leber von Einhörnern.

10. Ein *Kieberer* (früher Kuberer) war ein Polizeibeamter, der für die Kontrolle von Prostituierten zuständig war. Kuberer leitet sich vom jiddischen *Kübbe* ab, das so viel wie Hurenhaus bedeutet.

DAS EINMALEINS DES WÜRSTELSTANDS

Burnhäute - gewürzte und gekochte Schweinswurst

Eitrige - Käsekrainer

Frankfurter - Wiener Würstchen

Beamtenforelle - Knackwurst

Buckel - Eckstück vom Brot

Siassa - Süßer Senf

Schoafa- Scharfer Senf

Kren – Meerrettich

16er Blech - 1 Dose Ottakringer Bier

Der Würstelstand

"Die Genesis, liebe Frau, ist nicht interessant!"

Dr. Hugo Sperber

Beim *Wiener Würstelstand* handelt es sich um eine für Wien traditionelle Variante eines typischen Imbissstandes, in dem zum schnellen Verzehr kleine Fleischgerichte wie Leberkäse und Würste angeboten, aber der gerne auch von nächtlichen *Komasäufern* aufgesucht wird. Ursprünglich waren die Buden fahrbare Verkaufsstände, in denen Würste quer durch die Stadt chauffiert wurden, um hungrige Mäuler zu stopfen. Doch seit den 60er-Jahren sind sie im doppeldeutigen Sinne ein fixer Bestandteil der wienerischen Großstadtkultur und aus dem Alltag nicht mehr wegzudenken.

Betrachtet man den Wiener Würstelstand von kultureller Seite, dann steht er dem Kaffee- und Wirtshaus deutlich nach und hat noch nicht das internationale Ansehen erlangt, das ihm eigentlich gebührt. So wie das Kaffeehaus gehört der Würstelstand zu den verschwindenden *Gemeinschaftsorten* und wird langsam von seiner Konkurrenz aus dem vorderen Orient sowie diversen Hipster-Läden verdrängt. Anstatt *a Eitrign mit am Bugl und a sechzehna Blech*[23] finden sich in letzter Zeit häufig „Tofu-Frikadellen mit veganer Mayonnaise" wieder. Ein Gericht, bei dem selbst routiniertesten Vegetariern das Grauen kommt.

Auch wenn das Wiener Kaffeehaus früher ein Ort war, wo Menschen aus unterschiedlichsten Hintergründen und Gesellschaftsschichten zusammenkamen, tendiert es gegenwärtig eher dazu, eine Attraktion für Touristen aus allen Herrenländern zu sein. Der Würstelstand hingegen hat sein originales *Wienertum* beibehalten und man kann wunderbar die Einwohner der Donaumetropole beim Verzehr diverser Wurstgerichte beobachten, die meist mit einer Portion "siass oder schoaf" gradiert werden. Bei der Gradierung handelt es sich selbstverständlich nicht um eine Kategorisierung attraktiver Frauen, gemeint sind lediglich die Geschmäcker von Senf – süß oder scharf.

Den Höhepunkt an Frequenz erreicht der Würstelstand nicht tagsüber, doch nachts, wenn die Sperrstunde schlägt, versammeln sich die Wiener Nachtschwärmer gerne um den Hotspot, um noch einen letzten *Absacker* zu trinken und dabei eine Kleinigkeit zu essen. Auffällig an diesem Ritual ist, dass der Konsum der Fleischprodukte mit der zuvor eingeflossenen Alkoholmenge erheblich steigt und ein absurdes Ausmaß erreichen kann. So konnten bereits betrunkene Männer dabei beobachtet werden, wie sie ganze sieben Burenwürste verzerrten und diese mit einem hausgemachten Leberkäse ergänzten.

Da der Würstelstand bis heute ein Garant für nächtlichen Service ist, gab es auch im Bereich der angebotenen Verpflegung eine Erweiterung. Mittlerweile gibt es Würstelstsände, die neben den traditionellen Gerichten sogar Kaviar und Champagner servieren. Dies lockte in der Vergangenheit nicht nur Promis aus aller Welt an, sondern sorgte auch für eine Vermischung unter den Kunden, wie sie zuvor nur aus den Kaffeehäusern bekannt war. Doch auch wenn gelegentlich prominente

---

[23] Eitrige = Käsekreiner, Buggl = Brotscherzerl; 16er Blech = ein Ottakringer Bier (aus dem 16. Bezirk)

Gäste erwartet werden, herrscht am Würstelstand weiterhin Gleichberechtigung und Demokratie. Vor dem Betreiber der Institution sind und bleiben die Menschen gleich: Wer sich benimmt, darf bleiben, wer hingegen gekünstelt auf Wiener Dialekt eine *Eitrige mit an Gschissenen aber Jennifer*[24] bestellt, wird freundlich, aber bestimmt zum Gehen aufgefordert.

Neben seiner gesellschaftlichen Bedeutung für die Unterhaltungskultur und Nahrungsmittelzufuhr, hat der Wiener Würstelstand noch eine weitere Instanz der Welt geschenkt. Dabei handelt es sich um niemand Geringeren als den sogenannten *Standler*[25] selbst.

---

[24] Eitrige = Käsekrainer; Gschissener = Senf; Jennifer = schnell

[25] Würstelstandbetreiber

ANEKDOTEN
VOM WÜRSTELSTAND

Vor ein paar Monaten beim Würstelstand am Naschmarkt.
Kunde: "Entschuldigung, haben Sie auch etwas Veganes?"
Standler: "Jo, a Serviette konnst hom!"

*

Neulich in der City. Eine lange nicht mehr gesehen Gattung des
Typus Fussball-Stritzzi gibt seine Bestellung auf.
Standler: "Wolln's was drauf auf's Brot?"
Kunde: "Kost des wos extra?"
Standler: "Na."
Kunde: "Na donn a Schnitzel."

*

Liegt schon ein paar Jahre zurück. Bei einer Party hat sich ein Freund
von mir Handschellen angezogen, allerdings ging dann der Schlüssel
verloren. Großes Ereignis auf der Party. Mit Ach und Krach schaffen
wir es, durch langes Herumgefummel eine Schelle zu lösen. Doch die
andere blieb angeschnallt. Wir pfeifen darauf und beschließen noch
auszugehen und beim Standl unten ein Bier für den Weg zu kaufen.
Als wir unsere Biere bekamen, stand dort ein Polizist und aß sein
Würstel. Dann sah er uns erstaunt an und fragt:
"Heast, warum hot'n dea Bua a paar Ochta[26] oun?"

*

---

[26] Achter - Wiener Bezeichnung für Handschellen.

Legendärer Würstelstand im ersten Bezirk. Ein Bundesdeutscher, hektischer Kunde, kommt vorbei und drängelt seine Bestellung durch: "Einmal Frankfurter!"

Der Standler nickt und reicht ihm die Bestellung.

Kunde: "Was soll denn das jetzt? Ich hatte EINMAL Frankfurter gesagt! Das sind aber zwei!"

Standler: "Wos? Haaßt des, Sie wolltn von mir a anzelne Frankfurter? Nua a Würstl? De gibts nur im Paarl!"

Kunde: "Also so, wie Sie hier mit mir jetzt reden … da kann ich auch woanders hingehen!"

Standler: "Jo, des is ma sogar lieber, wann Du woanders hingehst. Schauts euch eahm an – kummt, telefoniert, waaß net was er wü, und jetzt war er a no goschert. Putz di, Django!"

Ich: "Regn's Ehna net auf, i nimm des Paarl."

Standler: "Na, gnädiger Herr, Eana moch i Frische!"

*

Ein Arbeitskollege aus Hannover geht spätnachts mit mir zum ersten Mal in seinem Leben zum Würstelstand. Völlig überfordert bei der Auswahl, weise ich ihn auf den Käsekrainer hin. Lächelnd bittet er den Standler darum, zusammen mit einer Portion Mayonnaise.

Standler: "Sowas moch i ned. Des is Blasphemie."

*

Ein Kunde bestellt beim Standler am Gürtel etwas zu essen und erkundigt sich anschließend, wie er denn am besten nach Schönbrunn kommt. Der genervte Standler antwortet gekonnt: "Haaß i Jesus? Hob i Löcha in d'Händ oda Wirschtl?"

*

Würstelstand im 15. Bezirk, gegen vier Uhr morgens.
Ein etwas beleibterer Mann rennt einem Jüngeren erbost nach und
schreit die ganze Zeit: "Bleib stehn du Wiaschtl, bleib stehn!
Wenn i di dawisch …"
Ich frage den Standler, ob er weiß, worum es geht.
Der Standler antwortet entspannt:
"Da Klaane hat dem Bladn die letztn Käsekrainer wegschnappt."

*

Vor ein paar Jahren, späterer Abend bei einem Würstelstand
nähe Westbahnhof.
Eine Freundin von mir überlegt bezüglich des Böreks,
weiß aber nicht, was genau das ist. Der Standler ist ein richtiger
Wiener mit langem Haar, Schnauzer und gelangweiltem Blick.
Freundin: "Entschuldigung, was is'n a Börek?"
Standler: "Irgend so a türkische Golatschen. So'n Dreck friss i ned."
Hab geweint vor Lachen.

*

Am Würstelstand mitten in der Nacht. Vor uns bestellen gerade zwei
Touristen, die der deutschen Sprache nicht mächtig sind.
Mühsam bekommen sie ihren Wunsch nach irgendeiner Wurst durch.
Der Standler fragt überfallartig: "SENF?"
Touristen ängstlich: "YES!"
Standler: "Siass oder schoaff?"
Tourist: "YES!"
Der Standler schüttelt den Kopf und wendet sich zu mir:
"Sieg'st? Warat ma no a Wödreich, detten die mi jetzt verstengan!"

*

Ein alter Schulfreund von mir bestellt ein Frankfurter-Hotdog.
Standler fragt nach: "Wolln's Ketchup oder Senf?"
Schulfreund sagt: "Danke nix."
Standler erwidert "Na, des braucht scho a bissl schmier."
Ungefragt komm sowohl Ketchup als auch Senf rein.

*

Letztes Jahr an irgendeinem Wochenende beim Würstelstand.
Ein paar betrunkene Jugendliche des Typus BWL Student kommen
zum Standler.
BWLer: "Und ich hätte bitte gerne Pommes dazu!"
Standler: „Wenn'st Pommes willst, dann schleich di zum McDonalds,
du Rotzpipn"

*

Ein Betreiber eines Würstelstandes wird von einem orientalisch
aussehenden Mann mit frechen Worten gefragt, ob er den Stand
abkaufen kann:
"Na was is' Chef, machen wir Kebab?"
Der alte Standler erwidert mit gelangweiltem Blick:
"Hau di über d'Heisa, sonst faschier i di."

*

Mit einem deutschen Studienkollegen beim Würstelstand gewesen.
Ich bestell mir einen aufgeschnittenen Käsekrainer, dann kommt
der Kollege dran:
"Servierst du auch Burger?"
Standler: "Heast schleich di! Veaoschn konn i mi a söwa!"

*

Meine Ex-Freundin, eine Vegetarierin, bestellt – weil vegetarisch – eine Portion Pommes. Diese sind leider schon aus, woraufhin ihr im Gegenzug vom Standler eine Leberkässemmel angeboten wird. Meine Ex lehnt dankend ab, unter dem Hinweis eine Vegetarierin zu sein. Daraufhin kommt das geschäftstüchtige und hilfsbereite Angebot: "Käsleberkäs?"

*

An irgendeinem Wochenende stehe ich um vier Uhr morgen beim Würstelstand bei der Thaliastraße. Ich war bereits ordentlich besoffen, daher hoch motiviert und der Meinung, jetzt mit dem arbeitenden Stander unbedingt ein tiefgründiges Gespräch führen zu müssen. Nach meinem 10-minütigen Monolog und abschließender Frage an den Standler, bekomme ich die passende Antwort: "Oida, konnst eigentlich ned da Goschn amoi hoidn?"
Meine vier Leberkässemmeln habe ich still in der Ecke verspeist und mir gedacht, eigentlich hat er ja recht.

*

Ein alter Standler fragt einen Kollegen von mir: "Woin's a Brot oder Semmel dazu" – der Kollege will eine Semmel dazu. Der Standler fragt dieselbe Frage noch weitere 3–4 Mal, doch der Kollege will weiterhin eine Semmel. Irgendwann gibt der Standler auf und serviert ungefragt ein Stück Brot zur Wurst dazu. Mein Kollege stößt verwirrt ein "Oida" raus. Standler: "Wann'st ned wast, wie des gheat, dann bring i da scho a Kultur bei."

Die Wiener Seele

"Die Kennworte des Wieners: Wie komm denn i dazu?
Es zahlt sich ja net aus! Tun's Ihnen nix an."

Arthur Schnitzler

A m besten lässt sich die *Wiener Seele* als eine Mischung aus
Charme und Lebenslust, aber auch Grant, Neid und gespiel-
ter Höflichkeit beschreiben. Wirklich freundlich, also authen-
tisch sind die Wiener in der Regel nur, wenn es unbedingt sein muss.
Dennoch können die Stadtbewohner sehr hilfsbereit sein. Insbesondere
zu den verirrten Touristen, wenn sie diese bei der Stadterkundung in
die falsche Richtung lotsen.

Auch das *Raunzen* hat in Wien Tradition und wird dementsprechend
liebevoll gepflegt. Darunter versteht man das weinerliche Klagen über
den vermeintlich schlechten Zustand im Leben. Sozusagen ein dauerhaft unzufriedener Zustand, an dem *die anderen* oder gar *der Herrgott*
selbst schuld ist. Nichts scheint je gut genug zu sein, primär ist alles *a
bissl scheiße.*

Über die Gründe, warum die früher stolze *Wiener Seele* wurde, wie sie eben geworden ist, lässt sich nur spekulieren. Eine gängige Theorie besagt, der Zwiespalt aus Stolz und Hass auf die eigene Stadt hat sich aus dem Verlust des *Wiener Hinterlands* ergeben. Also alle monarchischen Kronländer östlich von Wien, was letztlich 95 % der ehemaligen Erbländer ausmachte. Von der einstigen Größe sind nur prächtige Bauwerke geblieben, die die Bevölkerung ständig daran erinnern, dass man *früher mal was war.* Eine weitere Überlegung dazu wäre, dass mit den Naziverbrechen und daraus hervorgegangenen Gräueltaten der überwiegende Anteil der Intellektuellen, Andersdenkenden, aber insbesondere Juden vertrieben und ermordet wurde und sich die Stadt nie wieder von diesem Verlust erholen konnte. Man munkelt, die Stadt sei nur noch der Schatten seiner selbst, stehend auf dem Rücken von Giganten der Geschichte.

Der Wiener liebt die Kommunikation. Allerdings nur in der eigenen Runde, denn mit Fremden kommuniziert der Wiener nur, wenn es unbedingt sein muss oder er eine vermeintliche Misere kommentieren kann. "Schau da den Dascheppatn au" – in etwa so, wie Sie bereits in diesem Buch gelernt haben. Dabei ist es vollkommen egal, ob der Wiener überhaupt weiß, worum es bei dem Gespräch geht. Ein "was I ned" oder "koane Ahnung", wird dem Wiener nur selten über die Lippen kommen. Prinzipiell kann und weiß der Wiener alles und Wien ist sowieso der Mittelpunkt des Universums.

Der Arbeitsplatz ist für den Wiener ein ungeliebter Fleck und dient als ein bevorzugter Rückzugsort, um den mühsamen Strapazen des Familienlebens zu entgehen. Als Faustregel gilt: Arbeite smart, nicht hart – wie es eine Dame im Internet treffend formulierte. Und sollte *smart* nicht möglich sein, dann am besten gar nicht.

Die Freizeit verbringt der Stadtbewohner in bereits vorgestellten Orten wie dem Kaffeehaus, dem Beisl und nachts selbstverständlich beim Würstelstand. Das traute Eigenheim wird primär erst nach "zwöf Viertln" *Grüner Veltliner* aufgesucht, sozusagen wenn der Wiener längst *Après* ist.

Am besten lässt sich die Wiener Seele durch das sogenannte *Wienerlied* verstehen. Dabei handelt es sich um ein aus Wien kommendes Lied, in dem etwas typisch Wienerisches besungen wird. Ein Lied aus, über und für Wien. Es stammt aus der Welt der sogenannten *Kleinkunst* und charakterisiert sich angeblich durch Gemütlichkeit und Witz, wobei viel eher Spott und Häme zutreffend wären.

Das Wienerlied findet seinen Ursprung in der Urbanisierung der Stadt wieder, etwa um 1850, als die Einwohner das Volkstümliche zu vermissen begannen. Dabei wird die Vergänglichkeit melancholisch, unbeschwert oder auch satirisch betrachtet und besungen. Prinzipiell war früher *ollas bessa* und heute ist es *a bissl Oasch*. Zu den bekanntesten Vertretern des Wienerlieds gehören Interpreten wie Hans Moser, Peter Alexander, Wolfgang Ambros, Gerhard Bronner, André Heller, aber natürlich auch Komponisten wie Josef Fiedler, Richard Czapek, Karl Föderl und Hermann Leopoldi.

Doch nun genug davon ...

ZURÜCK ZU DEN GESCHICHTEN

Zwei Würstelstände. Irgendwo am Gürtel.
Am ersten Stand steht "Mein Kunde ist König" geschrieben und auf
dem anderen Stand vis-à-vis "Mein Kunde ist Kaiser".

*

Im Frühjahr 2000 zur Mittagszeit beim Würstlstand am hohen Markt.
Ich esse unbeschwert eine Käsekrainer, eine ältere Dame steuert mit
einem Polizisten im Schlepptau auf mich zu und begrüßt mich mit
folgenden Worten:
"Des issa, Herr Inschpektor"
Der Polizist fragt nach, warum ich denn die Dame belästigt habe.
Auf meine Versicherung hin, die ältere Dame weder zu kennen,
noch je mit ihr gesprochen zu haben, richtet sich der Polizist an
die Standl-Frau, ob sie denn etwas mitbekommen habe. Nachdem
sie meine Angaben bestätigt, richtet sich der Polizist an die Dame
und fragt nach, was ich denn zu ihr gesagt habe. Die Dame, die die
Amtshandlung mit wachsender Ungeduld verfolgt: "Gsogt hat er eh
nix, aber sehn's ned, dass er am Karfreitag a Würschtl frisst?"
Es kehrte eine ganze Minute Stille ein.

*

Ein Freund (Salzburger) fragt den Standler: "Was könn's ma denn
empfehln?"
Standler: "A andres Standl!"

*

Mein ehemaliger Mitbewohner aus Berlin war zu Besuch bei uns.
Die Konversation zwischen ihm und dem Standler werde ich
nie vergessen.
Kollege: "Kann ick 'ne Currywurst haben?"
Standler: "So an Schaß hob i ned! A Woidviertler, a Burnheidl,
a Schoafe oder a Eitrige kannst hom! Wos wüst?
Kollege: "Ah, ah so, wat war dat letzte? Ne Eitrige? Wat'n dat?"
Standler: "A Käsekrainer is des!"
Kollege: "Ach so, na dann probier icke dat Würstchen mal."
Standler: "Aufschneiden? Zwa höften? Oisa Gaunza?"
Kollege: "Aufschneiden, bitte."
Standler: "Senf? Ketchup?"
Kollege: "Mit Mayo, bitte!"
Standler: "Hob i ned! Hob nua Senf oder Ketchup."
Kollege: "Ja."
Standler: "Wos ja? Heast, moch mi ned deppat! Senf, Ketchup, ollas?"
Kollege: "Bitte Senf."
Standler: "Wöchan? Gschissenan oda Schoafn?
Kollege: "Hamse kein' Süßen?"
Standler: "An Gschissanan!"
Der Blick meines Mitbewohners war unbeschreiblich.

*

Irgendwann in meiner Studentenzeit komm ich um halb sechs
in der Früh aus dem Camera-Club gestolpert. Anschließend
traditionsgerecht noch zum Würstelstand auf ein Bier.
Dort steht ein Obdachloser und sagt zu mir:
"Heast, mogst du ma ned a Bier zoin? Da Haider hod se dastessn!"

*

Besoffen, nach einem langen Arbeitstag im Beisl. Ich torkle raus in Richtung Würstelstand. Ich zum Standler: "Homm's a offenes Bier?" Standler: "Jo, wann's unbedingt woin, moch i eana de Floschn scho auffe."

*

Letztens beim Würstelstand. Ich war betrunken und besonders witzig drauf. Also bestell ich traditionsgerecht eine Eitrige mit Bugl und Blech. Der Besitzer schaut mich fragend an. Ich denke mir so okay, er versteht nicht, was ich will. Vermutlich ist er kein Wiener und hat sicher noch großes, sprachliches Verbesserungspotenzial. Also wiederhole ich die Bestellung mit anderen Worten: "Einen Käsekrainer mit Brot und einer Dose Bier, bitte". Daraufhin der Standler: "I hob di eh verstondn, Bua. Owa so wie du dreinschaust, kriagst besser an Verlängerten und de Eitrige steck i dir in a Hotdog-Semmerl eine. Wegen am Unfallrisiko."

*

Zwei Deutsche vor mir: "Hallöchen. Zwei Bier, bitte." Standler: „Uh huh … " Der eine Deutsche: "Aber bitte eiskalt, ja?" Der Standler schaut auf und antwortet emotionslos: "Wüst as lutschen, oder wos?"

*

Irgendwann 2012. Ein betrunkener (vermutlicher) Veganer fragt nach Sojafleisch-Würsten. Standbesitzer: "Bist wo augrennt? Putz di!"

*

Letzten Sommer um zwei Uhr nachts beim Würstelstand
am hohen Markt. Zwei Freunde und ich sind bereits mit Würsten
versorgt und ein dritter Freund will bestellen:
"Haben Sie auch etwas ohne Schweinefleisch?"
Der Standler überlegt und präsentiert voller Stolz seinen genialen
Einfall:
"Jo, a Mannerschnitten."

*

Frühling letztes Jahr. Draußen hatte es keine 20 Grad und vor
uns bestellt eine Gruppe leicht bekleideter Herren. Bekleidet sind
sie bloß mit Handtuch und Bademantel. Sie genießen ein Bier und
essen Wurst. Drei Polizisten betreten die Szene: "Die Herrn, kann's
sei, dass es no a Rechnung offn hobts?" Nach kurzer Diskussion
stellte sich heraus, dass die Herrschaften offenbar im Laufhaus die
Zeche geprellt hatten.

*

Ein Kollege aus dem Nachbarland zeigt mit dem Finger auf die große
Auswahl beim Stand und fragt: "Wie heißt die Wurst?" Der Standler
schaut uns lange an, dann die Wurst und öffnet den Mund:
"Hansi"

*

Der Kunde vor mir bestellt irgendeine Wurst, möchte aber ein Stück
Brot von gestern dazu. Darauf entgegnete der Standler verdutzt:
"Waun's a Brot vo gestern woin, müssn's murgn wieda kumma."

*

Vor vielen Jahren nachts am Gürtel. Wir warten beim Würstelstand
auf unsere Bestellung.
Eine Prostituierte kommt angetrabt und eröffnet das Wort
zum Polizisten:
"Heast schleich di, Kiebara. Du vatreibst ma die Kundschaft!"
Der Angesprochene nahm wortlos sein Würstel und verschwand
grinsend.

*

Ein Freund aus dem Burgenland zu Besuch in Wien und wir sind
nachts unterwegs. Ich kläre ihn über die typischen Ausdrücke auf,
die traditionell mit dem Würstelstand in Verbindung gebracht
werden: Eitrige, Bugel, Gschissanen, auf Jennifer, 16er Blech und so
weiter. Später am Abend gehen wir tatsächlich zum Würstelstand und
der Burgenländer will sein frisch erlerntes Wissen anwenden, erinnert
sich aber nicht genau an die Wortwahl:
"I hätt gern a Achter Eisn"
Antwort des Standlers: "Mia san do ned am Goifplotz!"

*

Letztens im Prater beim Würstelstand. Das Ganze war zum Totlachen.
Ein Kunde hatte ein Bier bestellt, aber noch keines bekommen.
Allerdings isst er bereits seine Wurst. Immer wieder fragt er nach
"wos'n mit'n Bier sei". Irgendwann serviert der gestresste Standler
dem Kunden sein Dosenbier. Dann dreht sich der Kunde zu seinem
Kollegen und kommentiert:
"Oida! Des is sicha scho warm wuadn, solang wie des dauert hot".

*

Zwei asiatische Touristen vor mir beim Würstelstand. Sie sprechen ganz offensichtlich weder Deutsch noch Englisch und zeigten auf die Käsekrainer. Der Standler richtet die Wurst her und schaut die beiden an und fragt:
"Aufgschnittn?"

*

Ein Deutscher fragt, ob der Würstelstand von heute auch etwas Roten (gemeint war Rotwein) im Sortiment hätte.
Der Standler: "Jo, a rodes Stiftal hät ma."
Gefolgt von der Frage: "Ist der gut?"
Und der Standler darauf nur: "Südhang, Bisamberg."

*

Letztens beim Würstelstand bei der Thaliastrasse um ca. zwei Uhr nachts. Die Frage eines etwas angeheiterten älteren Herrn an mich:
"Hearst, Burli, wos manst du: Waunn i ma mit oana Noglschere den Kopf durchschneid, bin i dann sofurt hin oder muss i leiden?"
Standler fährt dazwischen: "Wann'st as ned do mochst, gib i da sogar a Messa."

*

Deutscher Kollege möchte sein neu erlernten Wiener-Slang ausprobieren und eröffnet mit dem Standler das Gespräch:
"Eine Eitrige mit einem Buckl und einem schoafn"
Standler: "Heans, kennan's ned Käsekrainer sogn wie olle ondan ah?"
Anschließend fragte er den nächsten Kunden nach der Bestellung.

*

Nachts in Wien. Ein ausländisches Paar, der Sprache nicht mächtig, bestellen irgendeine Wurst. Der Stadler ist offensichtlich mit der Kommunikation überfordert und schreit die beiden an:
"Schoaf oda siass?"
Die beiden, verwirrt und erschreckt. "Yes, yes!"
Ein häufiger Irrglaube, dass Dialekt mit zunehmender Lautstärke verständlicher wird.

*

Vor ein paar Wochen beim Standler am Naschmarkt.
Ein junges Mädchen des Typs ich bin gern in Berlin, fragt den Standler: "Haben Sie Vegetarisches?"
Standler: "Immer das Söbe mit eich. Du konnst'n Kas aus da Eitrigen außelutschn"
Vermutlich das letzte Mal, dass sie einen Würstelstand aufgesucht hat.

*

Letztens durfte ich folgenden Dialog zwischen dem Kunden und dem Standler miterleben. Ein schöner abgelegener Würschtlinger[27] im 12ten.
Kunde: "Vier Semmal kriegat i a no, bitte."
Standler: "De san oba vo gestan."
Kunde: "Is eh net füa mi."
Standler: "Daunn kaunn's Eana jo wuascht sei."

*

---

[27] Würschtlinger: Wiener Slang für Würstelstand.

Ein Kunde aus ländlicher Region: "Hobts ihr Bosna au?"
Standler: "Sie kumman owa ned oft ausse, aus'm Mühlviertl!"

*

Schon ein bisschen länger her. Meine Ex und ich waren beim
Standl am hohen Markt.
Ex: "Was können's ma denn empfehln?"
Standler: "A Pizzaschnittn am Schwedenplotz."

*

Würstelstand im 18. Bezirk. Mein Kollege bestellt zu später Stunde
einen Hotdog. Der Standler macht sich an die Arbeit. Plötzlich sehe
ich zwei Ratten über die Anrichte jagen. Der Standler lächelt mich
verständnisvoll an und beobachtet anschließend das muntere Spiel
mit jovialem Blick. Anschließend schaut er mich erneut an:
"Siass oder schoaf?"

"Bruder Lustig, der vor langer,
Langer Zeit gelebt in Wien,
Einen Gassenhauer sang er:
"O du lieber Augustin!"

Sehr beliebt beim großen Haufen
War der Bruder Augustin,
Konnte musizieren, saufen,
Und dann sang er: "'s Geld ist hin!" –

Seitdem sind die lieben Wiener
Lauter Brüder Augustiner!"

Eduard von Bauernfeld

Die Begegnungszone

"Wenn man die Gemeinheit der Bewohner mit der Schönheit der Landschaft verrechnet, kommt man auf Selbstmord."

Thomas Bernhard

In ihrer ursprünglichen Definition war die Begegnungszone nichts anderes als eine Form der Verkehrsberuhigung, in der Fußgänger Vortritt vor Fahrzeugen hatten. Heute hingegen ist eine Zone gemeint, in der sich Fußgänger, Radfahrer und Autofahrer bloß nicht zu nahekommen sollten. Vor allem deshalb, da diese Begegnungen überwiegend in wüsten Beschimpfungen enden. Ein vermeintliches Paradox, das die politische Schizophrenie der Wiener Stadtentwicklung bestens wiedergibt.

In der Theorie liegt dies insbesondere daran, dass kein Verkehrsteilnehmer wirklich weiß, welche Regeln zu beachten sind. Doch tendenziell glaubt der gemeine Fahrradfahrer, prinzipiell Vorrang zu haben. Dies wiederum sorgt für ein besonderes Unbehagen in den Wiener Begegnungszonen. Konzeptuell sehen sich diese als zugänglich für Eltern mit Kinderwagen, Fußgänger, Anrainer beim Feierabendbier, gegebenenfalls Autofahrer und eben besagte Radler, welche besonders gerne am Donaukanal unterwegs sind. Bevorzugt in Sportmontur, mit ausgestreckten Ellbogen, rotem Kopf und nach Luft schnappend, während sie den restlichen Passanten klarmachen, wer hier wirklich das Sagen hat.

Zu den bekanntesten Begegnungszonen gehört der bereits erwähnte Donaukanal, die Rotenturmstraße und allen voran die epochale Einkaufsstraße im Bezirk Mariahilf. Allerdings machen wir uns nicht gänzlich vom politischen Willen abhängig, sondern definieren diese als diverse Ortschaften, wo die Menschen auf der Straße zusammenkommen, ganz ohne auf die Wiener Linien warten zu müssen.

Es wird gemunkelt, die Begegnungszonen fänden keine große Popularität unter den *echten Wienern*. Allerdings zugezogenen *Bobo Eltern* aus *Berlin Prenzlauer Berg* scheinen die Zonen viel Freude zu bereiten. Ihr Unbehagen darüber brachten die Wiener am besten zum Ausdruck, als bei der Umgestaltung der Mariahilfer Straße durch *Die Grünen* Vize-Bürgermeisterin, von Medium bis zur Einzelperson, nur Negatives zu hören und zu lesen war. Dass Die Grünen bei den darauffolgenden Wahlen aus dem österreichischen Parlament geflogen sind, hatte bestimmt nichts damit zu tun.

Auch wenn es den Anschein haben mag, dass die Begegnungszonen nur selten von der Wiener Bevölkerung aufgesucht werden, kommt es auch hier häufig zu einem Aufeinandertreffen unterschiedlichster Stadtbewohner und Touristen, die sich auf der Suche nach der nächsten Attraktion befinden. Am größten scheint der Dorn im Auge diverser rechter Politiker zu sein, da die *Verkehrsberuhigung* angeblich ein besonderes *Sekkieren und Schikanieren* der Autofahrer sei. Eine Erklärung dafür, warum dies so sei, Autostraßen hingegen keine Diskriminierung von Fußgängern darstellen, blieben diese auch auf wiederholte Anfrage schuldig.

Völlig unabhängig davon, ob man nun ein Für- oder Gegensprecher der Begegnungszone sein mag, kann ihr eines unter keinen Umständen unterstellt werden. Und zwar, dass sie nicht für reichlich schöne Geschichten sorgt.

ANEKDOTEN AUS DER BEGEGNUNGSZONE

Bei einem Einkaufsstand auf der Mariahilfer Straße schaue ich mir mit meinen Kindern Holzspielzeug an. Eine ältere gepflegte Dame geht an uns vorbei und murmelt:
"Des gfoit Eana, de Hinichen! Soin's as si kaufen für eana deppatn Kinda, des Glumpad"

*

Neulich beim Mieten eines E-Scooters. Als ich meinen herausnahm, schmeiße ich versehentlich die ganze Reihe um und blicke mein Missgeschick einige Sekunden verdutzt an, bis ich mich an die Arbeit machen will, um sie wieder aufzustellen. Doch bevor ich mich bücken kann, schreit bereits ein Mann von hinten: „Heast, loss die liegen. Den unädigen Scheiß braucht eh kana."

*

Ein NGO-Mitarbeiter ist bei der Neubaugasse auf der Suche nach seinem nächsten Opfer. Vor mir schlendert ein älterer Herr mit gebückter Haltung und den Händen hinter dem Rücken verschränkt. Der NGOler nähert sich lachend dem Herrn und wirft ihm schon von Weitem ein "Grüß Gott der Herr, darf ich Sie etwas fragen?" entgegen. Der Herr würdigt ihn keines Blickes und sagt nur im Vorbeigehen:
"Es is hoibe fünfe!"

*

Am oberen Ende der Rotenturmstraße. Zwei Asiaten warten an einer sich gerade umschaltenden Ampel. Sie sind unsicher, ob sie in die richtige Richtung gehen. Ein Auto biegt in die Straße ein: "Heast, es zwaa Wappler! Wos is mit eich? Grün is, oder woartets es zwa, bis an Zug daher verlegen?"

*

Ein Touristenpaar bleibt am Zebrastreifen stehen und sieht sich um. Ein Lieferwagen kommt an. Der Fahrer plärrt aus dem Fenster: "Umme gehn, Deppate!"
Kollege am Beifahrersitz: "Siegst jo, des san Touristen. De kennan si ned ausse!"
Fahrer: "Is ma wuascht, de zwoa Dschingi Dschangl soin weitertuan. I möchat häuer zu Weihnachten no an Baam aufputzen!"

*

Letztens beim nächtlichen Gassi gehen in der Begegnungszone. Geht ein Mann, so wie wir, mit seinem Hund nach Mitternacht Gassi und sein Hund bellt ständig laut. So ein richtig lauter Zwerg. Nach ein paar Minuten öffnet sich ein Fenster und ein dicker Kopf schaut raus. Dann plärrt die grantige Anrainerin den Mann an: "Heast, du geh amoi Scheißen mit deinem Köter!"
Die Antwort des Herren: "Wos is? Des mach ich eh grod!"

*

Eine Bekannte ist zu Besuch in Wien und fragt im Prater bei einer Achterbahn den Ticketverkäufer: "Bekomm ich was, wenn ich mich ankotze während der Fahrt?"

*

Tatort Mariahilfer Straße. Ich komme dem Beamten unabsichtlich bei der Müllentsorgung in die Quere, als er einen riesigen Müllcontainer aus einem Haustor schiebt. Der 48er schnaubt mich freundlich an: "Heast Oida, kreu di weita, sonst huckst auf dem Kiwe wie da Krampus auf da Buttn!"

*

Irgendwann vergangenes Jahr beim Einkaufen auf der Rotenturmstraße. Zwei Damen (vermutlich Deutsche) gehen vor mir auf der Straße und beklagen sich: "Die Wiener sind immer so unfreundlich zu den Ausländern …" – sie wird von einem ebenfalls zuhörenden Wiener unterbrochen: „Wenns es zwoa glaubts, mia san zu de Provinzla netta, dann seid's ziemliche Trottl!"

*

Eine junge Frau mit Greenpeace Jacke beim Spendensammeln. Es kommt ein älterer Herr auf sie zu und die junge Dame wittert ihre Chance: "Entschuldigung, ich brauche Ihre Hilfe!".
Der Herr erwidert staubtrocken:
"Des glaub i da gern, oba i bin ka Psychotherapeut."
Der Blick vom Mädchen war unbezahlbar.

*

In der Neubaugasse. Ich frage einen Mann, ob er vielleicht eine Zigarette für mich hätte. Er mustert mich einen Augenblick, zeigt sich auf seine Stirn und erwidert im ärgsten Wienerisch: "Steht do Caritas drauf?"

*

Ich klopfe bei einem Taxi am Taxistand, stehend am unteren Ende
der Mariahilfer Straße, an die Tür und frage:
"Tschuldigung, sind Sie frei?"
Die Antwort: "Sonst stengat I jo net do!"

*

Eines Abends im Dezember beim Puntschtrinken im
Museumsquartier. Ich trage meine grellste Winterjacke.
Es folgt ein Kommentar vom Nebentisch: "Die is sicha im Winta
amal verlurn gangen ..."
Ich habe mich halb totgelacht.

*

Typus NGO-Bettler auf der Mariahilfer Straße zu meinem Kollegen:
"Guten Tag der Herr, wir machen gerade eine Umfrage und ..."
Kollege bleibt stehen und fragt: "Wos wüst, du Pfeiffn?"
NGO Typ: "... Herzlichen Dank, das war's auch schon wieder!"

WAS EIN WIENER SAGT ...
WAS EIN WIENER MEINT ...

Oida. – Ich bin erstaunt

Oidaaa! – Was erlauben Sie sich?

Oida, ... – Vorname vom Gegenüber

Oida?! – Das darf doch nicht wahr sein

Oida oida ... – So ein Pech muss man haben

Oiüida? – Was für eine positive Überraschung

Oiüida! – Was für eine negative Überraschung

Wiener Grant

"Stimmung der Wiener:
das ewige Stimmen eines Orchesters."

Karl Kraus

Über das gesamte Buch hinweg haben wir bereits viel über den *Wiener Grant* gelesen, allerdings bedarf auch dieser einer genaueren Betrachtung. Dementsprechend ist die Zeit gekommen, sich ein wenig mit dem Thema auseinanderzusetzen. Was genau ist dieser Grant und woher kommt er?

Beim *Wiener Grant* handelt es sich um eine seelische Grundhaltung, deren verbale Ausdrucksform das *Raunzen* ist – *einen Grant zu haben*, bedeutet hingegen so viel wie zornig zu sein. Sie sehen also, dass ein grantiger Mensch sowohl traurig als auch wütend sein kann. Der Wiener ist natürlich meist beides gleichzeitig.

Allgemein lässt sich unter Grant eine generell negative Betrachtung von Ereignissen, Zuständen und Gefühlen sehen, an der die anderen schuld sind, man selber nichts dafür kann und *sowieso alles Scheiße* ist. Dem sprachlich einen Ausdruck zu verleihen bezeichnet man als *granteln*. Doch der Grant ist nicht zwingend ein Ausdruck einer negativen Gefühlslage, denn entgegen jeglicher Erwartung *grantelt* der Wiener mit großer Leidenschaft.

Grant ist weder empirisch messbar, noch ist seine Ursache objektiv nachvollziehbar. Es kann schlicht und einfach gesagt werden, dass er einfach *da* ist und wir nie genau verstehen werden, warum dem so ist. Einer Legende nach findet er seinen historischen Ursprung in der spanischen Linie der Habsburger. Angeblich flanierten diese in den kalten Wintermonaten mit *grantiger* Miene durch die Stadt, da ihnen die wärmende Sonne Kastiliens fehlte. In den Sommermonaten hingegen sollen sie schlecht gelaunt durch Madrid gezogen sein, da sie die Hitze nicht aushielten. Ob die Geschichte nun wahr ist oder nicht, ist nicht wichtig. Es lässt sich mit ziemlicher Sicherheit sagen, dass es kaum etwas *Wienerischeres* geben kann und sie dementsprechend wahr sein muss.

Außerdem führten die Habsburger aus Kastilien das strenge spanische Hofzeremoniell in Wien ein, welches den Bürgern der Donaumetropole sämtliches Vergnügen untersagte. Den Umständen entsprechend machte dies die Wiener grantig, wodurch dieser Ausdruck geboren worden sein soll. Es war vorbei mit der Lebensfreunde und der *Wiener Gemütlichkeit.*

Der Grant, den sich der Wiener damals abgeschaut hat, diente außerdem als Selbstschutz und ist bis heute die vorherrschende Daseinsform, solange jedenfalls, bis sie in freundliche Unterwürfigkeit umschlägt.

Obwohl Wien für seinen *Grant* bekannt ist, wurde in einer Studie aufgezeigt, dass Wien in absoluten Zahlen der beliebteste Wohnort in ganz Österreich ist. Wobei dessen Urheber vehement hervorheben, dass dies nur daran liegt, dass Wien die meisten Einwohner hat. Wer den *Wiener Grant* sowie das *Raunzen* kennenlernen möchte, dem sei ein Besuch beim *Wiener Beschwerdeklo* in der Zieglergasse nahegelegt. Wie Sie sehen, *granteln* in Wien sogar *Heisl*[28].

---

[28] Heisl = Wiener Ausdrucksform für das herkömmliche stille Örtchen aka WC.

NUN WIEDER ZURÜCK
ZU DEN ANEKDOTEN

Neulich einen Freund aus London in Wien zu Besuch
gehabt. Selbstverständlich bringe ich ihn gleich einmal in die
Begegnungszone. Auf der Suche nach einem Irish Pub fragen wir ein
Pärchen, ob sie vielleicht wissen, wo eines ist. Sie bleibt kurz stehen,
schaut auf und blafft mich an: "Googles hoid, Deppata!"
Dann ging er weiter.

*

Sonntagmorgen auf der Mariahilfer Straße. Ich hole mir aus der
Entnahmetasche eine Zeitung. Meine Münzen, die ich einwerfe,
dürften die Ersten an dem Morgen gewesen sein. Auf jeden Fall hallt
es laut und das hört auch der (möglicherweise) Obdachlose nebenan
auf der Bank. Er schaut zu mir rüber und meint völlig fassungslos:
"Bist scho ganz deppat woaden?"

*

Letztens lehne ich mich am Gehsteig völlig gedankenlos an einen
Baum und warte auf meine Begleitung. Plötzlich stürmt ein Hund aus
einem Haustor, dicht gefolgt vom Herrchen. Der Hund war offenbar
schon seit Stunden nicht mehr draußen und stürzt sich zum Baum,
um sein Geschäft zu verrichten. Erschrocken springe ich zur Seite, bis
ich kapiere, dass ich gar nicht das große Ziel war. Sagt der Herr im
derbsten Wienerisch:
"Scheiß di ned an, der mog eh koana Katzn."

*

Letztens beim Einkaufen. Ein Obdachloser fragt mich, ob ich für ihn einen Euro hätte. Daraufhin kramte ich in meiner Hosentasche und gab ihm ca. 50 Cent. Als ich zufrieden weitergehen wollte, rief er mir hinterher:
"Du foische Sau!"

*

Als orientierter Wien Besucher in den frühen 90ern steig ich in ein Taxi bei der oberen Mariahilfer Straße und will zur Stadthalle. Nicht wissend, dass sie zwei Gehminuten entfernt ist. Da bellt der Taxler über die Schulter nach hinten:
"AUSSE!"

*

Eine Kindheitserinnerung beim Schulausflug nach Wien. Der erste Wiener, der uns unterkommt, ist ein Obdachloser am Westbahnhof.
Begrüßung:
"Hauts eich über die Häuser, ihr Scheißgeburten!"

*

Vor ein paar Monaten bat ich beim Spazierengehen einen im Schanigarten sitzenden und rauchenden Mann um Feuer. Er, mit Zigarette im Mund und stolz seine Utensilien herzeigend:
"Schau amoi her, a echta Raucha hod zwa Feiazeig und dazua no a Packl. Ollas kloa?"
Feuer habe ich keines bekommen.

*

Beim Heimweg auf der Straße. Ein älterer, suchender
Mann spricht mich an:
Mann: "Do woa früha a Post, wo is'n die jetza?"
Ich: "Weiß nicht, bin grad erst hergezogen."
Mann: "Na schön Dank, waunn I nix wissen wü, frog I di."

*

Irgendwann Anfang der 2000er, mein Cousin (schmächtig,
langhaariger Skater) und ich im Alter von ca. 15 Jahren im Prater vor
einer Achterbahn. Mein Cousin steht mit dem Rücken zum Kassierer.
Der Mann dann zu mir über den Lautsprecher:
"Na junger Mann, wüst dei Maderl net auf a Foahrt einladn?"
Alle sehen uns an. Mein Cousin dreht sich um und schreit den
Kassierer an:
"Heast, i bin ka Oide!"
Der Kassier trocken:
"Na serwas, von hintn woast schena."

*

Ich war 16 Jahre jung und dumm (weil gerade mit dem Rauchen
begonnen). Allerdings hatte ich am besagten Tag meine Zigaretten zu
Hause vergessen. Also fragte ich einen Mann, der draußen in einem
Café saß und gemütlich Zeitung las, ob er eine Zigarette für mich
hätte. Seine Antwort kam überraschend:
"Wos? Bist nega[29]?"

*

---

[29] nega (österreichisch regional) = jemand, der kein Geld hat.

Das Ganze ist erst letzten Sommer passiert. Ich fahre mit dem Rad bei Grün am Radweg über eine Kreuzung. Ein Auto biegt viel zu schnell links ab und fährt mich fast zusammen (und das auch noch auf der Mariahilfer Straße). Vollbremsung. Schreit beim Fenster raus:
"Kauf da a Auto, du Trottl!"

WISSENSWERTES
10. *INTERESSANTE* FAKTEN ÜBER WIEN

1. Wien ist das kleinste und zugleich bevölkerungsreichste Bundesland in Österreich.

2. Wien ist die erste Stadt Europas, die über ein flächendeckendes Kanalisationssystem verfügte.

3. In Wien galt bis 1938 Linksverkehr.

4. Die Wiener Zeitung wurde 1703 als Wiennerisches Diarium gegründet. Somit ist sie die älteste noch erscheinende Tageszeitung der Welt!

5. Mit 115 Metern ist das Wiener Kettenkarussell im Prater das höchste Karussell der Welt.

6. Der Tiergarten Schönbrunn wurde im Juli 1752 eröffnet und ist damit der älteste, sich noch in Betrieb befindende Zoo der Welt.

7. In Neuwaldegg steht das einst kleinste Bordell der Welt. Im Oberstock ging es damals richtig zur Sache.

8. Wien war bis zum Ende des Ersten Weltkriegs die fünftgrößte Stadt der Welt.

9. Laut einer Studie des britischen Unternehmens Compare the market ist Wien die grünste Hauptstadt Europas.

10. Der Karl-Marx-Hof im 19. Wiener Gemeindebezirk ist mit 1100 Metern das längste Wohngebäude der Welt.

Mittelpunkt der Erde

WIEN

DER REST ÖSTERREICHS
Ausland oder Bratislava

Das restliche Wien

*"Wien bleibt Wien – und das ist wohl das schlimmste,
was man über diese Stadt sagen kann."*

Alfred Polgar

Selbstverständlich sind Wienerinnen und Wiener nicht nur an besagten Lokalitäten anzutreffen – es gibt noch unzählige weitere Ortschaften. Wer den Wiener Großstadtdschungel genau durchforstet, wird schnell feststellen, dass die Einwohner auch an anderen Orten anzutreffen sind. Allerdings sind die meisten Orte nicht stringent zuordenbar und kulturell von keiner besonderen Relevanz. Einfachheitshalber wurden diese unter *Sonstiges* zusammengefasst, wobei natürlich eine schönere Ausdrucksform erwählt wurde: das restliche Wien.

Eine besondere Erwähnung haben natürlich noch das Theater sowie diverse musikalische Institutionen verdient. Allerdings unterscheiden sich diese dadurch, dass dort "die Leit ned zamm kummen", wie es umgangssprachlich so schön heißt. Im Kaffeehaus und Beisl wird man

Menschen aller Berufsklassen, Schichten, *Zuagroaste*[30] und Ethnien antreffen, während im Musikverein überwiegend Abonnenten vorzufinden sind, die sich nach dem Niedergang der Habsburgermonarchie durch ihr Abonnement als neue Stadt-Aristokratie positionierten.

Vorweg muss gleich hinzugefügt werden, dass damit keine Wertung der auserwählten Geschichten stattgefunden hat: Unter *Das restliche Wien* ist schlicht und einfach eine geografische Zusammenfassung diverser Ortschaften zu verstehen. Dabei kamen besonders schwierige Fragen auf: Was gehört denn eigentlich alles zu Wien? Wo beginnt Wien, wo hört es auf und was ist eigentlich wienerisch? *"Asien fängt in den Vororten von Wien an"*, pflegte Fürst Klemens Wenzel Lothar von Metternich zu sagen. Damit ist viel über die Weltsicht der Bewohner Wiens gesagt, hilft uns aber nicht beim Einkreisen des Zuständigkeitsgebietes. Einfachheitshalber beziehen wir uns in diesem Punkt simpel auf die generelle Auffassung der Bevölkerung. Diese sagt nämlich ganz eindeutig, Wien ist alles westlich der Donau.

Um den Wien-Bewohnern östlich der Donau den Wind aus den Segeln bezüglich berechtigter Kritik zu nehmen, verweisen wir, betreffend ihrer Nichtzugehörigkeit zu Wien, ganz einfach auf die Aussage von Fürst Metternich: *Transdanubien*[31] ist bereits Asien.

---

[30] Darunter werden Menschen verstanden, die nicht aus Österreich (insbesondere Wien) kommen und in die Donaumetropole gezogen sind.

[31] Ursprünglich wurden darunter alle Habsburger Kronländer östlich der Donau bezeichnet. Heute wird der Begriff primär zur Definition der Einwohner Wiens jenseits der Donau genutzt. Sie sind auch bekannt als Menschen des 21. und 22. Wiener Gemeindebezirks.

ANEKDOTEN
AUS DEM RESTLICHEN WIEN

Ein Touristenpärchen kommt ins Geschäft ca. 5 Minuten vor
Sperrstunde und fragt: "Excuse me, do you speak English?"
Der Verkäufer schaut auf die Uhr und schnauzt zurück:
"Um die Zeit nimma."

*

Auf Besuch bei einem Freund. Wir beobachten das
Vorgehen von seinem Balkon. Ein paar Sanitäter betreten den
Innenhof des Wohnblocks, in dem ein Mann in orientalischer
Kleidung gerade einen Teppich ausschüttelt. Der ältere
Rettungssanitäter spricht den Mann an:
"Wos is, springt a net au?"

*

Eine Verkäuferin zu mir: "Sie schaun eh nur, geh?"
Ich: "Ich suche Stiefel".
Verkäuferin:
"Also für ihre Wadln hamma wirklich nix"

*

In meiner Studienzeit in der Mensa.
Ich: "Ist da Fleisch drin?"
Er: "Na, Gsöchts."

*

Endlich am Heimweg nach einer Rundreise in Spanien. Der Flieger landet am Flughafen. Die geschätzte Hälfte der Kundschaft beginnt zu klatschen. Aus der Reihe hinter mir, die den ganzen Flug über eher schlechte Laune hatte:
"Geh oida, jetzt klatschen die Deppatn a no."

*

Tatzeit: Vorweihnachtszeit; Tatort: Postamt. Lange Warteschlange, der Schalterbeamte ist schon etwas genervt. Vor ihm steht eine Frau mittleren Alters und möchte ein Paket ebensolcher Größe aufgeben. Und zwar so, dass es eben noch schneller ankommt.
Der Schalterbeamte erklärt ihr zum dutzendsten Mal, welche Möglichkeiten es dafür gebe. Allerdings empfindet die Dame alles als zu langsam und teuer. Auf jeden Fall entsteht in der Schlange hinter ihr hörbarer Unmut über die gesamte Situation. Da fragt die Kundin, ob sie das Paket nicht als Telegramm aufgeben könne. Da schaut sie der Beamte lange an und sagt dann mit einem Seufzen:
"Wie soll das denn funktionieren? Des Packl is viel zu dick und der Draht ist viel zu dünn!"

*

Ich verbringe immer wieder gerne ein wenig Zeit mit meiner Tochter in Wien.
Ich liebe Friedhöfe – der Zentralfriedhof ist also Pflicht. Auf meine Frage, welche U-Bahn ich dorthin nehmen müsste, meinte der Angestellte (mit Blick auf mein kleines Mädchen):
"Na? Heut nur auf ein Begräbnis oder san's a bisserl morbid unterwegs?"

*

Sommer 2019 bei einer Hochzeit. Ich lausche unbewusst
dem Gespräch am Nebentisch.
Mann: "Die Flugzeuge hier san voi laut!"
Frau: "Geh Schatzi, jetzt hör auf zum Grantln. Wir sind auf
aner Hochzeit."
Mann: "Ich grantl nicht, ich Wiener."

*

Eine alte Legende aus meiner Jugend, als ein Freund aus
Hamburg zu Besuch war.
Wir sind am Weg zum Supermarkt. An der Kasse fragt mich
mein Kollege, ob er eine Tüte holen soll. Ich fauche ihn an:
"Na! Die homma schon. Außerdem heißt des hier Sackerl!"

*

Während eines Supermarktbesuches habe ich einen Kollegen aus
Stuttgart aufgeklärt, dass Tüten bei uns in Wien Sakerl heißen.
Wir gehen Eis essen und er präsentiert voller Stolz sein neues Wissen:
Freund: "Ein Sackerl mit 2 Kugeln Schokolade, bitte."
Darauf plärrt ihm die Dame hinter der Eistheke entgegen:
"Stanitzl, junger Mann, bei uns heißt das Stanitzl."
Er sah mich mit einem leeren Blick an. Die Verwirrung war perfekt.

*

Damals, in meiner ersten Studentenwohnung in Wien im
Stiegenhaus. Habe versehentlich einen Maler bei der Arbeit behindert.
Maler: "Heast Gschissener, I reiß da die Brust auffe
und scheiß da auf's Herz!"

*

Letztens in der Arbeit. Zwei Wiener Kollegen
begrüßen sich gegenseitig:
"Seas Gschissaner."
Erwiderte der andere: "Wos is, Deppata?"
Soweit ich weiß sind beide im selben Bridge-Club.

*

Letztes Jahr beim Besuch am Wienerberg. Es liegt noch Schnee,
aber der Wirt ist schon eifrig am Wegschaffen. Vom Tal herab
kommt eine Gruppe Deutsche mit rosafarbenen Schneeschuhen.
Der Wirt begrüßt die Truppe:
"Der Tennisplatz is aba noch ned freigeschaufelt!"

*

Reiseleiter: "Von dieser Brücke haben sich fast 50 Menschen
runtergestürzt und fanden den Tod."
Wiener hinter mir:
"Söwa Schuid"

*

Vor ein paar Jahren im Winter. Der Nikolaus zieht, flankiert von ein
paar Engeln, über die eine Brücke vom zweiten Bezirk in die Altstadt
rein. Auf der gegenüberliegenden Brückenseite geht ein fünfjähriges
Kind an der Hand der Oma, sieht die Engel, zeigt auf sie und sagt:
"Schau, Oma, da sind Erstkommunionkinder!"
Einer der Engel hört das und ruft dem fünfjährigen Kind quer
über die Straße zu:
"Wir san Engel, Du Oaschloch!"

*

Mir wurde mal meine Tasche samt Geld und Ausweis gestohlen. Noch am selben Tag ruft mich ein Polizist an, um mir mitzuteilen, dass mein Eigentum gefunden wurde und ich es abholen kommen kann. In der Polizeistation sehe ich, dass der gesamte Inhalt fein säuberlich in einer Reihe vor mir aufgelegt wurde. Der Polizist blickt meine Gegenstände an, schnauft und sagt: "Wos a Weib ois in ane Taschn bringt, des is a Wahnsinn!"

*

Mitte der 80er-Jahre an einer Kreuzung nahe der Oper. Ein paar US-amerikanische Touristen rätseln bei roter Ampel angesichts der Oper laut, um welch ein Gebäude es sich dabei handeln könnte.
Eine junge Wienerin gibt ihnen ungefragt Auskunft:
"That's a train station! It's called Südbahnhof".
Die Amerikaner erwidern:
"Beautiful, oh yes, a train station, Südbahnhof, wonderful!"
Die Fußgängerampel schaltet auf Grün, ich und die anderen wartenden Wiener überqueren schmunzelnd die Kreuzung.

*

In meiner Studentenzeit in Wien. Ich war einen guten Freund besuchen und sein WC war (wie im Altbau damals üblich), direkt beim Gang mit einem Fenster in einen Innenhof. Er hat seine Sitzung und öffnet dabei das Fenster. Nachdem er fertig war und wieder rauskommt, meldet sich die Nachbarin das Wort an ihren Mann: "Geh Herbert, net scho wieder! Da stinkt's ausse wie aus am 48er. I glaub, da is wer gstorben."

*

Damals im Mehrparteienhaus mit Klo am Gang. Ein Nachbar kommt aus dem WC, ein anderer geht unmittelbar danach hinein und stößt ein vorwurfsvolles "boah da stinkt's" aus. Anschließend dreht sich der Erste um und sagt: "Wann Sie daunn an Flieder scheißen, ruafn's mi au – dann komm i a riachn."

*

Ich frage eine Dame: "Entschuldigung, ich muss zur soundso Straße" Die Frau zeigt auf einen Ständer mit Karten. Ich denke mir okay, wenn es zwecks des Umsatzes ist, dann nehme ich eine. Also bezahlte ich für die Karte und wiederhole die Frage:
"Also wie komm ich jetzt zu der Straße, bitte?"
Verkäuferin: "Heast, bist deppat? Schau in dei Koartn!"

*

Erst vor ein paar Tagen am Ring erlebt.
Tourist: "Können Sie mir bitte sagen, wo die Hofburg ist?"
Wiener: "Wenn di wer frogt, sogst du wast as net"

*

Supermarkt in Wien 1020; lange Schlange an der Kasse.
Eine Frau: "Könnten Sie bitte eine zweite Kasse öffnen?"
Die Kassiererin reagiert nicht. Eine andere Frau brüllt, dass man es bis in den Getränkebereich hört: "Zweite Kassa!".
Aus der Fleischabteilung wird es lauter:
"ZWEITE KASSSAA BITTEE!"
Kurzum: Kasse wurde keine besetzt.

*

Ein Gespräch zwischen zwei meiner Studienkollegen
Studienkollege 1: "Woher kommst du?"
Studienkollege 2: "Aus Linz."
Studienkollege 1: "Ah, oiso a Bauer."

*

Vor vielen Jahren im kleinen grindigen Supermarkt in Wien-Mitte.
Ich frage eine Mitarbeiterin: "Arbeiten Sie da?"
Sie darauf: "Jo, leider!"

*

Ist schon ein paar Jahre zurück. Damals, als sie den
Kaisermühlen Blues in Kaisermühlen drehten, kam ein Mann auf
Ernst Hinterberger, den Schreiber der Serie, zu und sagte:
"Wir reden und san ned aso wia ihr uns zagts! Und jetzt schleicht's
eich, es Orschlöcher[32]!"

*

Nach längerem Auslandsaufenthalt am Flughafen gelandet. Aufgrund
meines Jetlags und starker Übermüdung habe ich die Abzweigung
zum Gepäcklaufband verpasst und lande wieder beim Schalter, wo
der Reisepass vorgezeigt wird. Als ich einen Beamten höflich fragte,
wie ich denn zum Gepäck kommen würde, blickte er mich genervt an
und mit süffisantem Grinsen antwortete er:
"Versuchen's as amal beim Anker."

*

---

[32] Leider konnte der Erzähler dieser Geschichte nicht mehr ausfindig gemacht werden, aber
wir danken ihm ganz herrlich für die schöne Anekdote.

- 145 -

Ein Freund aus Deutschland zu einem bekannten Wiener Urgestein:
"Ich habe vor 35 Jahren Kampfsport begonnen um meine kleine
Schwester zu beschützen. Seitdem habe ich nicht mehr aufgehört."
Wiener: "Ui, a Wüda. I fiacht mi!"

*

Zwei Stadt Wien Kanalarbeiter beim Gespräch belauscht. Der Eine:
"Jessas, jetzt san wieda die Kanäudekln aufgangan. San sicha wieda
de Rozzn unterwegs."
Der Andere: "Hoit die Pappn, Deppata. Sonst gibts Oplatzki!"

*

Eine Begrüßung direkt neben mir.
Der Eine: "Servas, oida Wappler."
Der Andere: "Wos is, Gfüllter?"

*

Letztens ruft mich eine Lehrerin meines Sohnes an und erzählt mir,
was heute im Unterricht passiert ist. Hier die Zusammenfassung:
Deutschlehrerin: "Kannst du den Satz bitte wiederholen?"
Schüler: "I bin net der ORF, dass i ollas wiederhol."

*

Letztens beim Spazieren am Zentralfriedhof mitbekommen. Eine alte
Dame fragt den Angestellten: "Verzeihung, ich suche die Gruppe 7A."
Der Angestellte sieht vom Handy auf und blickt die Dame kurz an.
"Oide, was kreust ausse, wenn'st dann nimmer heimfindst?"

FUN FACT

Jeder fünfte Österreicher ist Wiener. Aber nur jeder
fünfte Wiener ist Österreicher.

Die Stadt Wien selbst

"Was wird nun aus Wien? Wird überhaupt noch was?
Ist es noch fähig zur Zukunft? Viele zweifeln.
Und sie sind gar nicht traurig."

Hermann Bahr

S ie haben bereits viele Informationen bezüglich der Einwohner
sowie der Örtlichkeiten erhalten, wo die Menschen auf geselliger
Ebene zusammenkommen. Nun wird es Zeit sich ein wenig mit
der Stadt selbst sowie ihrer Geschichte zu beschäftigen. Denn auch daraus lässt sich so einiges lernen und eine Konklusion zu vielen offenen
Fragen erzielen.

Der Stadtname leitet sich vom Wienfluss ab und wurde erstmals in
den Salzburger Annalen um 881 überliefert. Seinen angeblichen Ursprung findet der Name in der keltoromanischen Bezeichnung *Vedunia*
sowie *Vindobona*, eine römische Siedlung innerhalb des heutigen Stadt-
gebietes. Obwohl diese keine etymologische Verwandtschaft mit dem
heutigen Namen der Stadt aufweisen, werden sie gerne referenziert, um

Wien eine prähistorische Geschichte zu verleihen und von der Theorie abzulenken, dass der Stadtname vielleicht sogar slawischer Herkunft sein könnte.

Den Höhepunkt ihrer Bedeutung erreicht die Donaumetropole etwa um 1800 herum, zumal Wien sich als kaiserliche Reichshaupt- und Residenzstadt zu einem kulturellen und politischen Zentrum Europas entwickelte. Insbesondere in der klassischen Musik konnten Wien und seine Künstler Weltruhm erlangen. Eine Periode, die man bis heute noch als Wiener Klassik bezeichnet. Wichtige Vertreter dieser Epoche waren unter anderem Joseph Haydn, Wolfgang Amadeus Mozart sowie Ludwig van Beethoven, Franz Schubert, Gustav Mahler und natürlich der titelgebende Komponist Johann Strauß.

Etwa 100 Jahre später zählte die Hauptstadt der Habsburgermonarchie über zwei Millionen Einwohner aus allen Herrenländern, doch diese Zahl dezimierte sich durch die darauffolgenden Weltkriege vehement und die Stadt konnte bis heute ihre damalige Größe nicht mehr erreichen. Trotz des allmählich hereinbrechenden Niedergangs der weltberühmten Stadtkultur sowie dem Verlust seiner internationalen Bedeutung, konnte sich Wien als führende Theaterstadt etablieren und bekannte Persönlichkeiten wie Franz Grillparzer, Arthur Schnitzler, Johann Nestroy, Robert Musil, Thomas Bernhard und Karl Kraus hervorbringen.

Ihren vermutlich letzten kulturellen Höhepunkt erreichte die Stadt in der Zwischenkriegszeit, in der vor allem die bereits erwähnte *Kaffeehausliteratur* abermals Weltruhm erlangte. Doch mit der Naziherrschaft sowie deren Verbrechen musste ein überwiegender Anteil der Intellektuellen und Andersdenkenden fliehen, woraufhin sich in der Stadt ein anderer Geist entwickelte und sie sich nie wieder gänzlich erholte. Auch der Schock nach dem Ersten Weltkrieg saß tief, denn bereits zuvor wurde durch den Vertrag von Saint-Germain aus einem Weltreich mit Kulturmetropole ein winziger Staat mit einer bedeutungslosen Hauptstadt. So zeichnete sich also im gesamten 20. Jahr-

hundert ein allmählicher Verfall der wienerischen Kultur ab und übrig blieb ein grantiger kleiner Zwerg, der von oben herab auf das restliche Land blickte.

Aber der Wiener hat auf gewisse Weise den gemeinen Rassismus "überwunden" und etwas gänzlich Neues hervorgebracht. Denn nicht nur Ausländer werden von ihm als unerwünscht betrachtet, Österreicher und Wiener aus anderen Bezirken sieht man gleichermaßen als Menschen niederen Ranges an. Letztlich sind alle Menschen *Trotteln*, außer man selbst. Denn sich selbst mag der Wiener ganz besonders wenig.

Heute blickt man in Wien gerne in die Vergangenheit und sehnt sich nach der früheren Größe und Bedeutung zurück. Der Abstieg vom Weltreich mit einer bedeutenden Metropole zu einem sogenannten *überlebensunfähigen Zwergstaat* lastet der Stadt bis heute stark an. Auch wenn sie nicht mehr dasselbe war, konnten dennoch Klischees und Romantisierungen des alten Lebensstils beibehalten werden. Dabei handelt es sich im besten Fall um einen Trostpreis.

Auch wenn die Zeit des kulturellen Weltruhms vorbei sein mochte, kam es zu weiteren kulturellen Entwicklungen: In den 1960er-Jahren konnte sich *Austropop* landesweit als neue kulturelle Errungenschaft etablieren. Wichtige Vertreter waren in erster Linie Wolfgang Ambros, Georg Danzer und Rainhard Fendrich, die sogar über die Landesgrenzen hinaus Anerkennung fanden. Der letzte große und international überaus erfolgreiche Vertreter war Johann Hölzel, aka Falco, welcher die Stadt Wien abermals in die Schlagzeilen brachte. Sogar in den USA konnten seine Hits Top-Platzierungen erreichen. Doch in Wien erinnern wir uns lieber an seine satirischen Werke wie *Ganz Wien*, wobei er einen wunderbaren Einblick in die damaligen Wiener Verhältnisse vermittelte. Bei diesem tiefen Verständnis der Donaumetropole ist es also kein Wunder, dass er sich in die Dominikanische Republik zurückzog.

Doch zu guter Letzt konnte sich der *Austropop* ein letztes Mal in die internationalen Charts ringen, als sich Bands und Sänger wie Marco

Michael Wanda, der Nino aus Wien und Voodoo Jürgens der Meister-disziplin annahmen.

Jetzt geht es auch schon weiter ...

ANEKDOTEN
AUS DER HAUPTSTADT

Ein Amtshaus im 18. Bezirk – bei der Anmeldung meines Sohnes.
Die Dame starrt verwundert auf die Dokumente und öffnet den
Mund: "Was, wie kann man nur nicht in Wien geboren sein?"

*

Auf dem Weg in die Arbeit. Auf dem Balkon im ersten Stock steht
eine ältere Dame, die sich hinauslehnt und raucht. Sie ist kaum von
ihren sorgsam gezogenen Kakteen, die dort auf der Fensterbank
ruhen, zu unterscheiden. Ein circa fünfjähriges Mädchen ruft
freundlich hinauf: "Hallo!"
– Der Kaktus grantelt: "Da Hallo is scho gstorm."

*

Letztens beim Flughafen. Eine AUA-Mitarbeiterin in der Abflughalle,
die auf meine Frage, wo man denn Self-Check-In machen kann, völlig
korrekt antwortet:
"Do net!"

*

Um die 1999 kam ich das erste Mal nach Wien. Kaum aus dem Zug
ausgestiegen, frage ich einen Taxifahrer, wie ich denn zum Franz-Josef
Bahnhof komme. Die Antwort war legendär: "Schleich di, Deppata!"
Seitdem liebe ich Wien.

*

Vor Kurzem in Hietzing. Ein paar Meter nach dem Supermarkt zerreißt der soeben erworbene Papiersack und mein ganzer Einkauf verteilt sich über den Gehsteig. Während ich alles einzeln aufsammele und versuche in meine Tasche zu stopfen, nähert sich ein Mann mit kleinem Hund an der Leine. Der Hund rennt schnüffelnd auf mich zu. Der Mann hingegen steigt über meine Einkäufe hinweg und zieht den Hund hinter sich her mit den Worten: "Nein, Basti. Brauchst ned aufräumen helfen."

*

Letztens beim Schloss Schönbrunn. Ein amerikanisches Pärchen möchte sich erkundigen, doch die Sprachunterschiede schienen zu weit auseinanderzusein.
Amerikaner: "Excuse me, U four?"
Wiener: "For what?"
Amerikaner: "YOU FOR?
Wiener: "FOR WHAT?"
Amerikaner (bereits ein wenig verzweifelt): "You for …?"
Wiener: "Geht's scheißen!" - dreht sich um und geht.
Ein weiterer Passant ruft dem Wiener hinterher:
„Oida, die meinan de U-Bahn!"
Anschließend ging er weiter.
Geholfen hat auch er ihnen nicht

*

So um 1995 bei der Konditorei am Stephansplatz. Ich bin mit zwei Freunden auf eine Kaffee-Reunion unterwegs und möchte unsere Bestellung aufgegeben. Da kam die Kellnerin mit den Worten retour: "Sodale, drei Melange und amoi an Kuchen für'n Bladen!"

*

Deutsches Touristenpaar beim Bäcker:
Touristin: "Was ist denn das?"
Anker Dame: "A Ribiseltasche!"
Sie: "Und was ist da drinnen?"
Anker Dame: "Ribisel!"

*

In der Supermarktfiliale. Eine Angestellte steht auf einer Leiter und
schlichtet in das Regal ein. Plötzlich muss sie heftig niesen.
Ihre Kollegin schreit aus dem nächsten Gang zu uns rüber:
"Zerreißen soi's di!" Niesende Kollegin schreit zurück:
"Und des größte Stückl soi di treffn!"

*

Kindheit. Meine Mutter gießt am Balkon die Blumen, hat aber
vergessen, die Kästen abzudichten. Nach einigen Tropfen auf ihrem
Fensterbrett beklagte sich die üppige Hausmeisterin:
"Woit's ned glei beim Fensta obebrunzn, es Gsindl?"
Meine Mutter mit cooler Stimme: "Na, des moch ma natürlich
nur auf der Hofseitn!"

*

Beim Zigarettenkaufen in der Trafik. Der Trafikant fragt den Kunden,
welche Zigarettenpackung er denn haben möchte:
"Kehlkopfkrebs oder Raucherbein?"
Da kommt die Antwort der Kundschaft:
"Gib ma des Köhkopf-Oaschloch, wei den amputiertn Haxn
hob I scho im Album!"

*

Frisch zurück von einem 1-jährigen Taiwan-Aufenthalt.
Im Supermarkt fällt einem Mann vor mir beim Aufschlichten ein
Becher auf den Boden. Während vor meinem inneren Auge schon
(wie in Taiwan) drei Angestellte dastehen und darüber streiten, wer
das jetzt aufputzen darf und sich alle irgendwie Involvierten bei jedem
anderen Anwesenden entschuldigen, passiert bei uns Folgendes:
Kassiererin schaut bös, sagt:
„Na, owa i putz des jetzt sicher ned weg!"
und kassiert weiter ab.

*

Vor ein paar Jahren war ich zum ersten Mal in Wien für ein
Vorstellungsgespräch und hab mir ein günstiges Hotel gebucht.
Um genau zu sein so günstig, dass die nicht mal ein Schild draußen
angebracht hatten. Ich stehe ca. eine Minute vorm Hotel und sehe
mich in der Gegend um. Kommt eine alte Frau auf mich zu:
"Hom's wos valuan do?"
Ich: "Nein, ich …"
Sie fällt mir ins Wort: "Na weil's so deppat da umadum stengan."
Bevor ich antworten konnte, ging sie schon weiter.

*

Meine Tochter erkennt ein Tichy Schild und ruft voller Vorfreude:
"Oh, ein Eis!"
Die grantige Alte, die gerade entgegenkommt:
"Is eh scho bald gnua, bleda Fratz!"
Meine Frau zurück: "Und du bist gusch, du grausliche oide Funzn
und schleichst di, bevoa's schebbat!"
Tat sie brav, ganz ohne weiteren Kommentar!

*

Eine lange Schlange an der Kasse im Supermarkt. Der zahlende Kunde kramt langsam in seinem Münzfach in der Geldbörse herum. Der hinter ihm Stehende wird langsam ungeduldig: "Oida, weißt was da Unterschied zwischen ana echtn Schlang und ana Schlang im Supermarkt is? Bei da echtn Schlang is da Oarsch hintn!"

*

Spätnachts am Nachhauseweg von Floridsdorf. Unweit vom Markt liegt plötzlich eine Person halb am Gehsteig, halb im Gebüsch. Die Beine strecken sich mir entgegen. Da die Person regungslos am Boden liegt, wird mir ganz mulmig. Vorsichtig beuge ich mich runter und frage: "Hallo?" – Keine Reaktion. Dann nochmals etwas lauter: "Hallo? Brauchen Sie Hilfe? Soll ich Ihnen die Rettung rufen?" Sein Kopf neigt sich leicht seitwärts und er zischt: "Oida, bist deppat?"

*

Ein Verkäufer in Mozartmontur redet vor der Oper einen alten Wiener an. Der antwortete schlicht: "Schleich di mit deim Pyjama!"

*

Lange ist es her. Ich weiß nicht mehr worüber, aber eine ältere Dame echauffierte sich laut. Den Kommentar des jungen Mannes in der Nähe werde ich nie vergessen: "Jetzt schleich di endlich, Oide, sonst gemma di Probeliegen ins Krematorium."

*

Ein Fußballspiel von Rapid gegen Austria vor rund 15 Jahren. Ein junger Vater geht mit seinen beiden Söhnen Richtung Stadion. In dem Moment kommt ein Bus voll mit Austria Fans an und sie steigen aus. Der Vater blickt auf den Bus, hält inne und bückt sich zu den Kindern runter: "Schauts, die Deppaten san a scho da!"

*

Im Stiegenhaus. Ich warte auf den Aufzug. Da kommen zwei Hausbewohner aufeinander zu und plaudern.
Frau: "Na sagn's amol, kennan's den Bua, der in der Zwei wohnt?"
Mann: "Jo, des is mei Sohn, wos woin's von eam?"
Frau: "Na, da stinkt's ausse wenn ea die Tür auffemacht! Die Fenster san schiach, der raucht wie a Schlot und lüftet a nie. Des ziagt bei mir olles durch des geschlossene Tiadl ane. Des ghörat amal olles entsorgt, neu eingerichtet, ausgmoit und gscheit durchputzt. Veastengan's mi?"
Mann: "Jo, und wann woin's vorbeikommen?"
Es herrschte einige Sekunden Totenstille.
Mann: "Wiedaschaun"

*

Die Wiener in meiner Arbeit begrüßen sich täglich mit:
„Gschissener, wos is?"
Antwort: "Geh scheißen, Gschupfta!"

*

Gestern im Supermarkt. Hackler fragt eine Dame, ob er nicht vor könne, denn er hätte es eilig. Ältere Frau zu ihm:
„Wäratn's hoit fria aufgstandn."

*

Ein Bekannter von mir hatte vor ein paar Jahren Zivildienst. Einmal begleitete er eine alte Dame zum Arzt. Der Doktor untersuchte sie und stellte anschließend fest, dass sie bei bester Gesundheit ist. Darauf meinte die Dame nur trocken zu meinem Freund:
"Na super, jetzt sind wir aber ganz umsonst herkommen."

*

Auf meinen Termin wartend bei Wiener Wohnen. Eine junge Mutter beschwert sich, dass ihr Kinderwagen vom Gang gestohlen wurde. Da antwortet die Beamtin: "Also, erstens derf der weng am Brondschutz eh net dortn stehen, und zweitens san's froh: in ondere Bauten hättn's eana des Trum auzündet."

*

Letztens im Supermarkt. Ein älterer Herr stellt seinen Einkaufswagen nicht ordentlich zurück. Ein anderer fordert ihn auf, das Ding ordentlich hineinzustellen. Darauf der erstere Herr: "Heast Oida. Spüst bitte ned den Hüfsheriff. Wann'st zu fü Enagie hast, dann geh ham und knoi dei Oide. Do hobt's beide wos davo!"

*

Zwei Damen mittleren Alters. Geschubst an der Supermarktkasse. Beim Entleeren der Einkaufswagen beginnt ein Streit zu eskalieren. Die eine brüllt die andere an:
"Du Deppate, bist ma scho seit da Gemüseabteilung unguat aufgfoin!"

*

Einladung vor ein paar Jahren beim Freund meiner Partnerin.
Er, einer ihrer Freunde, sehr ernst: "Heast Deppate, unser Besuch hot
an Hunger. Wann ma no lang auf'n Bresldepig woarten miassn,
host a Dschinön!"
Sie, seine Freundin, aufgeregt:
"Geh a bissl scheißn, oida Trottl! Du host no ned amal aufdeckt.
Wann'st ned glei dei freche Goschn hoidst, dann setz i da des
Pfandl auf."

*

Ich habe erst mit 30 Jahren zu studieren angefangen. Am ersten Tag
in der Beratungsstelle. Ich: "Grüß Gott, mein Name ist Blabla und
ich bin Studienanfänger."
Dame: "Echt? San's oba scho a bissl oid, geh?"

*

Supermarkt. An der Kasse sagt eine ältere Dame zum
dahinterstehenden Arbeiter, der nur seine Jause hält:
"Woin's vorgehn?"
Er: "Na danke, i bin in Oarbeitszeit."

*

War eine Zeit lang im öffentlichen Dienst tätig und da waren schon
einige irre witzige "Unfreundlichkeiten" dabei. Die beste war wohl
von einem Mann, der durch unsere Geräte etwas gestört wurde und
aus einem Fenster schrie:
"Es roten Magistratspeidln, geht's scheißen!"

*

Vor ein paar Jahren musste ich um Punkt 9:00 Uhr eine Information vom Bezirksgericht Fünfhaus haben. Aufgerufen wurde ich ca. 10 nach 09:00 Uhr. Anschließend werde ich zweimal durchgestellt, warte noch mal eine Viertelstunde und bin dann beim richtigen Schalter. Da mir bereits meine Chefin über die Schultern gekrallt ist, rattere ich meine Fragen allesamt auf einmal runter. Als Antwort kam nur: „Woatn's amal! Da Computer duat no auffefoahn. Homs ned so an Stress."

*

Bei einem kleinen Postamt an einem Bahnübergang. Ich hetzte hin, um ein Einschreiben abzuholen. Völlig außer Atem konfrontierte ich eine älterer Postbedienstete. Sie, sitzend und mich erst mal ignorierend, meinte dann, nach meinem dezenten Hüsteln, ohne aufzublicken:
Sie: "Mia sperren um sechse zua."
Ich: "Ja, aber es ist erst fünf vor sechs."
Sie: "Na, es is sechse."
Ich: "Können's sich bitte amal kurz umdrehen und auf die Uhr schaun. Es ist erst fünfe vor sechse."
Ohne sich umzudrehen oder aufzublicken:
"Die geht nach. Wiedaschaun."

*

Eine ältere Dame im Supermarkt räumt den Wagen weg und stopft alles in eine Plastiktasche. Die Tasche ist zu klein und platzt beim Hochheben. Der gesamte Einkauf fliegt am Boden. Ich gehe zu ihr und frage, ob ich helfen kann.
Die Antwort: "Na. Putz di, Pupperl!"

*

Damals im Zivildienst. Als Sanitäter mit einem damaligen Kollegen vom Ernst-Happel-Stadion in Richtung Dialyse durch den 18. Bezirk gefahren. Er schaut kurz auf eine Villa und meint:
"A echte Oaschlochgegend."

*

Ein Turnier der U10 Mannschaften am Fußballplatz. Dialog nach der Tombola war zum Lachen. Spieler A: "Warum haben alle so an leiwanden Preis, nur i bekumm so an gschissanen?"
Spieler B: "Na wei du a Gschissana bist!"

*

Letztens hat das elektronische Zahlungssystem im Supermarkt nicht funktioniert. Es bildete sich eine lange Schlange. Die Kundschaft wurde unruhig. Plötzlich brüllte ein älterer Herr von hinten:
"Samma in Russland?"

Die bekannten Wiener Persönlichkeiten

"Hier in Wien – wo man alles verzeiht,
nur nicht, dass irgendwer hier erfolgreich ist."

Wolfgang Amadeus Mozart

Sie haben nun eine ordentliche Menge an Geschichten von unbekannten Menschen aus oder in Wien gelesen. Dabei dürfen natürlich die bekannten Gesichter der Hauptstadt nicht fehlen – beziehungsweise wie Herr Mozart sie nannte: die Erfolgreichen. Allerdings gibt es eine unendliche Vielzahl an witzigen und charmanten Anekdoten aus der Donaumetropole. Da ich Ihnen nur einen kleinen Geschmack mitgeben möchte, habe ich einen Mix aus neuen und alten Zitaten zusammengefasst – von Wiener Sprüchen zu Sprüchen über Wiener.

Falls Sie an weiteren witzigen Zitaten, Anekdoten und Geschichten aus der vermeintlich unfreundlichsten Stadt der Welt interessiert sind, dann möchte ich Sie zu einem Wien-Besuch motivieren. Sollten Sie bereits vor Ort sein, dann können Sie sich auch in ein originales Kaffeehaus oder Beisel setzen, eine Melange, ein Bier oder Gläschen Wein trinken und Ihrem Nachbartisch bei der Konversation lauschen. Sofern Ihre Sitznachbarn Wiener sind, wird es Ihnen an Unterhaltung nicht mangeln. Sollten Sie dafür weder Zeit noch Geld in der Tasche haben, dann empfehle ich Ihnen eine U-Bahn Fahrt zu den Stoßzeiten einer Arbeitswoche. Auch hier werden Sie die ein oder andere Geschichte erleben.

Natürlich sind die Chancen gering, bei den erwähnten Aktivitäten einer bekannten Persönlichkeit zu begegnen. Deshalb muss an dieser Stelle erwähnt werden, dass es sich bei den "meisten" auserwählten Personen bereits um verstorbene Legenden handelt oder bekannte Gesichter aus der Politik. An dieser Stelle möchte ich Ihnen nahelegen, gelegentlich ins Kabarett zu gehen, dabei eine Stunde schön zu lachen und den Meistern beim Werken zu lauschen. Es ist wichtig, dass Humor nicht gänzlich durch das Fernsehen geprägt wird, denn auch die *humorbezogene Vorgabe von oben* (Stichwort: Political Correctness) trägt dazu bei, dass wir Witz nicht als vielschichtig und unterschiedlich wahrnehmen, sondern meist glauben, nur was von oben kommt, darf witzig sein. Schwarzer Humor muss ein bisschen böse sein, wobei Rassismus, Sexismus und Weiteres niemals Gegenstand der Disziplin sein dürfen.

Also unterstützen Sie das Kabarett mit einem gelegentlichen Besuch. Da ich des Öfteren gefragt wurde, wo es noch witziger sei als im Wiener Kabarett, kann ich bloß auf einen Ort verweisen: noch lustiger sind nur Krisensitzungen der österreichischen Bundesregierung. Selbstverständlich auf gänzlich unfreiwilliger Basis.

ANEKDOTEN VON BEKANNTEN PERSÖNLICHKEITEN

"Die Deutschen wollen die Österreicher verstehen,
können es aber nicht.
Die Österreicher könnten die Deutschen verstehen,
wollen aber nicht."

Franz Grillparzer

*

"Ich bin kein zweckentleerter Motschkerant."

Michael Häupel

*

"In Wirklichkeit ist das Heitere nicht lustig.
Wenn die Leute lachen, ist mir nicht zum Lachen."

Elfriede Ott

*

"In Wien stellen sich die nullen vor die Einser."

Karl Kraus

*

"Manchmal habe ich das Gefühl,
er wollte eigentlich nur Klassensprecher werden,
und dann ist das Ganze eskaliert."

HC Strache

*

"Auch das, meine liebe Freundin, lobe ich recht sehr, dass Sie in Wien
fleißiger in die Kirche gehen als in das Theater. Denn ich glaube in
allem Ernste, dass es freilich für jeden guten Menschen, der nicht ganz
undenkend ist, in den Wiener Kirchen mehr zu lachen geben muss als in
dem Wiener Theater."

Gotthold Ephraim Lessing

*

"Die jungen Leute in Wien kommen mit siebzig auf die Welt
und leben sich dann auf fünfzig herunter."

André Heller

*

"In den Wiener Cafés gibt es für jeden Geschmack das passende Getränk,
und für den Fall, daß sich im Gespräch die Gemüter erhitzen, wird kaltes
Wasser gleich mitserviert."

Germund Fitzthum

*

"I kann mi no so elegant machen, i schau immer aus
wie der Hustinettenbär."

Jazz Gitti

*

"Das ist ein bisschen ‚House of Cards‘ für Arme."

Christian Kern

*

"In Wien leben zwei Gruppen von Menschen sehr gut: die einen,
die ständig auf ihre Heimat schimpfen, und die anderen, die schuld
daran sind, dass man schimpft."

Peter Weck

*

"Wie schön wäre Wien ohne Wiener."

Georg Kreisler

*

"Wien ist anders."

Hans Weigel

*

"Das Problem für jeden Wiener:
Man kann es in Wien nicht mehr aushalten.
Aber woanders auch nicht."

Helmut Qualtinger

*

"Wenn die Welt mal untergeht dann zieh ich nach Wien.
Dort passiert alles 50 Jahre später."

Gustav Mahler

*

"Die Fußball-EM in Österreich ist wie Skispringen in Namibia."

Alfred Dorfer

*

"In Wien mußt' erst sterben, damit sie dich hochleben lassen.
Aber dann lebst' lang!"

Hans Hölzel alias Falko

*

"Das arme, Steuer zahlende Volk ..."

Kaiserin Maria Theresia

*

"Mir wern kan Richter brauchen, um zu entscheiden,
dass Wien schöner ist als Berlin.
Aber das ist ja gerade das Unglück."

Karl Kraus

*

"Der Wiener ist ein mit sich sehr unglücklicher Mensch,
der den Wiener hasst,
aber ohne den Wiener nicht leben kann."

Hermann Bahr

*

"Mit den Lipizzanern lasse ich mich nicht gerne vergleichen. Aber mit
den Sängerknaben auf eine Stufe gestellt zu werden, finde ich besonders
ehrenvoll."

Christiane Hörbiger

*

"Ich kann Ihnen eigentlich nicht sagen, warum ich mich in Wien so
wohlfühle. Aber – was Sie gewiss interessieren wird – ich kann es Ihnen
versichern, dass ich mich hier so zu Hause wie in keiner anderen Stadt
Europas befinde."

Edward Filene

*

"Ein Ästhet, der in Wien lebt, ist ein Masochist."

André Heller

*

"Müssen wir dem klebrig-charmanten Wiener Sumpf
am Ende noch dankbar sein,
weil wir in ihm so gut schwimmen,
spucken und Wasser treten gelernt haben?"

Eva Menasse

*

"Früher hat es geheißen: Wien ist eine Krankheit.
Von der kommt man nie mehr los, aber man hat sie gerne."

Michela Simoncini

*

"Wenn du heute nach Wien fährst, kommst du in eine erotische Stadt."

Konstantin Wecker

*

"Wien darf nicht verwechselbar mit dem Zentralfriedhof werden."

Michael Häupl

*

"Immerhin sei die SPÖ die "lustigere Partei,
wenn ich mir all die anderen mieselsüchtigen Koffer anschaue, die so
herumrennen."

Michael Häupel

*

"Der Wiener neigt dazu,
auch die unangenehmen Gefühle konsumierbar zu machen,
das zu genießen."

Josef Hader

*

"Sieht einem Narrenhäubl gleich."

Kaiserin Maria Theresia[33]

*

"Wien ist ja grundsätzlich wirklich eine der angenehmsten Städte der
Welt. Schön, nicht zu groß, und man hat das Gefühl, dass man alles hat,
was man braucht. Man ist halt nur nicht extrem willkommen. Es ist,
als würde man in einem wunderschönen Haus leben und abends immer
rausgeworfen werden."

Dirk Sternmann

*

---

[33] ... während der Krönung zur böhmischen Königin.

"Ich stamme aus Wien – und dagegen kann ich nichts machen.
Und will es auch nicht."

Christoph Waltz

*

"Ich dachte, es sind Menschen,
es sind aber leider Wiener!"

Helmut Qualtinger

*

"In Wien wird jeder das, was er nicht ist."

Gustav Mahler

*

"Der Wiener erkannt, daß der Wagentürlaufmacher zwecklos sei.
Da erfand er Klinken, mit denen man nicht öffnen kann."

Karl Kraus

*

"Der durchschnittliche SPÖ-Spitzenfunktionär konnte Start-up vor zwei
Jahren ja noch nicht einmal buchstabieren."

Matthias Strolz

*

*"Nach der Ausrufung der Republik wurde der Adel
in Österreich abgeschafft.
An seine Stelle ist der Besitz eines Abonnements bei den
Konzerten der Wiener Philharmoniker getreten."*

Hans Weigel

*

*"Und da hat er schon wieder eine Flasche versteckt, der HC. Er schämt
sich so, weil er umgestiegen ist auf Inländer-Rum. Hab ich zu ihm gesagt:
HC, weit haben wir's bracht, Inländer-Rum statt Ausländer raus."*

Aida Loos

*

*"Ein Journalist machte eine aufschlussreiche, gleichwohl geheimnisvolle
Beobachtung: "Immerzu gehen Leute ins Café Hawelka hinein und
keiner kommt wieder heraus.
Was macht der Hawelka eigentlich mit seinen Gästen?"*

Friedrich Torberg

*

*"Jeder Wiener ist eine Sehenswürdigkeit,
jeder Berliner ein Verkehrsmittel."*

Karl Kraus

*

"Man muss die Sache mit unseren Hauptstädten nicht allzu tragisch nehmen.
Es gibt noch eine deutsche Hauptstadt.
Sie heißt Wien."

Erich Kuby

*

"Und wenn Sie sich dann bitte ruhig verhalten, die Herren erholen sich grade von der Mittagspause."

Monica Weinzettl

*

"Wie schön wäre Wien ohne Wiener!"

Georg Kreisler

*

"Was ich als typisch österreichisch bezeichne? Vielleicht nicht typisch österreichisch, aber typisch wienerisch ist, dass wir die Dinge nicht direkt sagen – deshalb halten uns die Deutschen für schmierig. Karl Kraus, einer der großartigsten österreichischen Schriftsteller, sagte bekanntlich: "Der echte Wiener ist aus Schleim gemeißelt."

Christoph Waltz

*

"Ich sehe das jetzt seit zwanzig Jahren:
Oppositionsbank, Regierungsbank, Anklagebank."

Ex-Grüne Peter Pilz

*

"Wir schlagen sicher nicht nackert einen doppelten Rittberger."

Desiree Treichl-Stürgkh

*

"Der Tod, das muss ein Wiener sein."

Georg Kreisler

*

"Wien bleibt Wien,
und das geschieht ihm ganz recht."

Hans Weigel

*

"Im Kaffeehaus sitzen Leute,
die allein sein wollen,
aber dazu Gesellschaft brauchen."

Alfred Polgar

*

"Wenn's am Ende so viele Stimmen wie Selfies sind,
schaut's schon mal gut aus."

Sebastian Kurz

*

"Bist du deppert, die ist schoarf!"

HC Strache

*

"Die Mentalität der Österreicher ist wie ein Punschkrapfen:
Außen rot, innen braun und immer ein bisschen betrunken."

Thomas Bernhard

*

"Die österreichische Mentalität ist:
Wir brauchen Reformen,
aber nix darf sich ändern."

Viktor Klima

*

"Rufens wieder am Nachmittag an, aber nicht nach 13 Uhr."

Monica Weinzettl

*

"Ein echter Wiener geht nicht unter.
Er wechselt rechtzeitig seinen Schwimmstil."

Fritz P. Rinnhofer

*

"Gehn's, san's net fad!,
sagt der Wiener zu jedem, der sich in seiner Gesellschaft langweilt."

Karl Kraus

*

"Asien fängt in den Vororten von Wien an."

Klemens Wenzel Lothar von Metternich

*

"In Wien hat sich seit hundert Jahren nichts verändert.
Nur der Kaiser kommt nicht mehr."

Fritz Molden

*

"Sie haben's gut,
Sie können ins Kaffeehaus geh'n."

Kaiser Franz Joseph I.

*

"Wir Wiener blicken vertrauensvoll in unsere Vergangenheit."

Karl Farkas

*

"Wien ist anders."

Hans Weigel

*

*"In Wien werden die Kinder gepäppelt
und die Männer gepeinigt."*

Karl Kraus

*

*"Die anzige Art von Zufriedenheit,
die's in Wien gibt,
is der Tod."*

Helmut Qualtinger

*

*"Wien, Wien, nur du allein
Sollst stets die Stadt meiner Träume sein!"*

Rudolf Sieczyński

*

"Lieber Schlesien verloren als DEN geheiratet!"

Kaiserin Marie Theresia[34]

*

"Austro-Feschismus, neuer:
rekrutiert sich aus dem österreichischen Einspänner ohne Selbstironie,
dem die Wiener Melange nicht bekommt und der so zum Pharisäer
verkommt."

Andreas Egert

*

Die österreichische Überzeugung,
dass dir nix g'schehn kann,
geht bis zu der Entschlossenheit eines Mannes,
der auf Unfall versichert ist und sich deshalb ein Bein bricht."

Karl Kraus

*

"Das Caféhaus ist die einzige Schule,
die aus einem Wiener Lokalpatrioten einen Weltbürger macht."

Germund Fitzthum

*

---

[34] … in Bezug auf König Friedrich II. von Preußen

"Kaiserball in Wien:
Rückfall in die Monarchie für eine Nacht."

Germund Fitzthum

*

"Wien ist, wo sogar die Ausländer xenophob sind."

Martin Mucha

*

"Manchmal weiß ich nicht,
ob ich ein Mensch bin oder ein Wiener."

Helmut Qualtinger

WISSENSWERTES
10. *NUTZLOSE* FAKTEN
ÜBER WIEN

1. In Wiens Mistkübel landen über 100.000 gefüllte Hundekot-Säcke täglich.

2. In ganz Wien gibt es keine Straße, die mit dem Buchstaben X beginnt.

3. In Wien gelten nicht nur Kaninchen, Katzen und Hunde als Haustiere, sondern auch Kamele und Wasserbüffel dürfen gehalten werden.

4. Im Wiener Prater ist das Reiten von Pferden nur gestattet, wenn das Tier auf beiden Seiten des Kopfgestells eine Nummerntafel trägt.

5. Die Durchschnittsgeschwindigkeit der U-Bahn beträgt 32,5 km/h, die Höchstgeschwindigkeit hingegen satte 80 km/h.

6. Um 1700 herum trank man in Wien etwa dreimal so viel Wein wie Bier. Heute wird knapp viermal so viel Bier wie Wein konsumiert.

7. Laut Verordnung des Magistrates der Stadt Wien ist im verbauten Stadtgebiet das Abschießen von Tauben verboten.

8. Es gibt 55 Friedhöfe in Wien.

9. Der Wiener Zentralfriedhof ist der zweitgrößte Friedhof Europas.

10. Der Wiener Prater ist etwa doppelt so groß wie der Central Park in New York.

Abschlusswort

Liebe Leserinnen und Leser,

Sofern Sie nicht aus Wien kommen mögen, hoffe ich inständig, Sie mit dieser Lektüre nicht von Ihrem nächsten Besuch der Donaumetropole abgeschreckt zu haben. Wien ist eben ein bisschen anders und ein Aufenthalt in der Hauptstadt der Alpenrepublik kann auf keinen Fall schaden. Im schlimmsten Fall kehren Sie mit ein paar witzigen Erlebnissen und lustigen Anekdoten nach Hause zurück.

Wie ich Ihnen bereits am Anfang des Buches mitgeteilt habe, werden Sie von mir keine Wertung über die Unfreundlichkeit bekommen. Es liegt nun an Ihnen, sich eine eigene Meinung zu bilden. Ansichten sind zu einem hohen Maß subjektiv, denn was der Eine als wunderbar empfindet, mag für den Anderen etwas Furchtbares sein. Wie auch immer Sie sich entscheiden mögen: Ob freundlich oder nicht, ob charmant oder grob – eines steht auf jeden Fall fest:

"Es könnte besser sein. Es könnte schlimmer sein.
Und so, wenn mich nicht alles täuscht, ist das Leben."

Friedrich Torberg

Der Autor

Rafael Bettschart ist Sohn eines Schweizer Vaters und einer bayrischen Mutter – ein waschechter Wiener, wenn man so will. Geboren und aufgewachsen in der Metropole an der schönen blauen Donau. Eine recht ironische Bezeichnung, wenn man an die braune Grütze unter den Brücken denkt.

Er ist Creative Director in der Medienbranche, leidenschaftlicher Texter und Filmemacher. Als Hobbyautor setzt er seinen Fokus auf Unterhaltungsliteratur und wünscht sich nichts inniger, als seine Texte aufs Papier zu bringen und Ihnen ein Lächeln ins Gesicht zu zaubern. Ein Win-Win sozusagen.

Mehr zum Autor finden Sie unter
www.rafaelbettschart.com
sowie in den sozialen Medien.

Hat dir das Buch gefallen?

Wir freuen uns sehr, dass du unser Buch bis zu dieser Stelle gelesen hast. Wenn es dir gefallen hat, würden wir uns sehr freuen, wenn du ihm bei dem Online-Shop eine Bewertung gibst, bei dem du bestellt hast. Oder du schreibst bei einem deiner Lieblings-Buchportale eine Rezension.

Wir freuen uns nicht nur sehr darüber, Meinungen zu unserem Buch zu lesen, es hilft uns auch dabei, weitere Geschichten zu schreiben und neue Leser für unsere Bücher zu finden.

Vielen Dank für deine Unterstützung!

KAMPENWAND
VERLAG